情報デザインシリーズ

実践
インストラクショナル
デザイン

事例で学ぶ教育設計

内田 実 著
清水康敬 監修

TDU
電機大
出版局

監修にあたり

東京工業大学名誉教授
独立行政法人メディア教育開発センター理事長
国立教育政策研究所教育研究情報センター長
清水康敬

高まるインストラクショナルデザインへの関心

　eラーニングが注目されるにつれて，インストラクショナルデザインに関心が高まっている。インストラクショナルデザインの手法によって開発された教育用コンテンツ等は，完成の品質が高いと評価されているためである。システム的なアプローチをとっているインストラクショナルデザインは，学習効果を高めるためにプロセスを踏んで教育用コンテンツ等を開発し，きちんとした評価も行って質的な改善へと結びつけている。

　このようなことから，米国は1980年代後半からインストラクショナルデザインを教育の製品開発に採り入れてきた。特に米国の企業は，インストラクショナルデザインを学習面に効果的な製品開発手法であると同時に，開発費用の点でも効果的であるとして重要視してきた。そして，その手法が修得されるとともに，数多くの経験を持ったインストラクショナルデザイナと呼ばれる職種が生まれ，教育の質を高めるために貢献してきた。また，米国などではインストラクショナルデザイナを養成する大学が存在し，卒業生は専門家として企業や大学などにおける効果的な教育開発や，その支援に従事している。

　一方，日本ではこのようなインストラクショナルデザインが普及しなかった。また，企業などにおける専門職としてのインストラクショナルデザイナも育たなかった。これは，米国の企業がスペシャリストを採用するのに対して，日本の大学はジェネラリストを養成してきたことが一因である。また，日本の企業では，人事異動によってある時期だけ教育担当となる場合が多いことも，一因であると考えられる。そのため日本の企業における教育は，指導するインストラクタが一人で教育コースを企画し，また必要な教材を開発し，実施してきたのが実状である。

　しかし，eラーニングコース開発が必要となると，インストラクタが一人で開発できる問題ではなく，特に製品の質が問われることから，インストラクショナルデザインの重要性が強く認識されるようになった。米国に比べると15年の遅れであ

るが，eラーニングのコース開発に関連してインストラクショナルデザインが注目されるようになった意味は大きい。今後，わが国においても諸外国と同様にインストラクショナルデザインの手法を採り入れ，教育効果が実質的に現れる教育製品開発やコース開発がなされることを期待している。

必要なインストラクショナルデザインの事例集

　インストラクショナルデザインはシステム的な手法で，例えば分析，設計，開発，実施，評価のプロセスで成すべき手順を定めている。したがって，まずインストラクショナルデザインの基本的な考え方と手順をマスターすることが大切である。先に出版した『インストラクショナルデザイン入門―マルチメディアにおける教育設計』（東京電機大学出版局）は入門書として非常に役立つハンドブックで，これによって手順を修得することができる。特に同書では，インストラクショナルデザインの業務を詳細なステップで説明しているため，具体的なデザインに関する行動についても学ぶことができる。

　しかし，手順を修得しただけでは優れたeラーニングコースの開発はできない。多くの経験を重ね，ノウハウを自分のものとして確立することにより，インストラクショナルデザイナの役割を果たすことができる。そのため，実践的なインストラクショナルデザインを修得するためには，具体的にどのようにするのか説明した事例集が必要であった。インストラクショナルデザインの事例集は海外にはあるが，日本の教育に合った事例集とはなりにくいため翻訳されてはいない。

　このような状況のなかで，本書『実践インストラクショナルデザイン―事例で学ぶ教育設計』は，実際の具体的な教育コースの事例を，インストラクショナルデザインのプロセス（分析，設計，開発，実施，評価）に分けて説明している。そのため，本書を参考にすることでインストラクショナルデザインの手法をより効果的に学ぶことができる。さらに，本書におけるタスク分析表や学習目標分析表は，日本の教育に合わせて独自に作成したものであり，これを活用することによって分析の効果を高めることができる。

　また本書には，大学などにおけるeラーニングコンテンツ開発の事例から，企業における経営方針に関する事例，さらには教育コンサルティングにおけるインストラクショナルデザイン適用の事例に至るまで，幅広く多くの方々に参考になる事例が含まれている。したがって，単にコース開発におけるインストラクショナルデザインだけではなく，効果的な教育体制を総合的に検討する場合などにおいても役立つものと期待される。

今後のeラーニングの発展を願って

　わが国の教育は現在，一つの転換期を迎えている。大学を卒業すれば就職できるという時代が終わり，社会の進展に合わせた人材が求められている。そのため，自分の能力を自分で高めていく必要がある。このような状況のなかで，自ら学びたい人達に対する学習環境を整備する必要があり，eラーニングコースの開発と提供が求められている。このような目的から，企業内教育用のeラーニングは早くから注目されてきた。

　一方，大学や高等専門学校などによる高等教育においてもeラーニングへの関心が高まっている。また，高等教育におけるeラーニングの推進は，e-Japan戦略Ⅱ（2003年7月）においても記述されている。それを受けて文部科学省では，eラーニングの開発に関する助成プログラムの現代的教育ニーズ取組支援プログラム（通称「現代GP」）の一つとして，「ITを活用した実践的遠隔教育（e-Learning）」をスタートさせている。そして2004年度には，108件の申請のなかから15大学などの取組みが採択され，実践的なeラーニングの開発が始められている。

　また，2004年4月には国立大学が国立大学法人となり，6年間の中期目標と中期計画が公表されたが，86大学中43大学がeラーニングに関連する記述をしている。大学教育改善のための一つのキーワードとして，eラーニングが位置付けられようとしている。

　生涯学習や職業人教育におけるeラーニングについても推進が始まった。特に英国におけるラーンダイレクトが職業人教育に役立っていることから，わが国においても「草の根eラーニング」のモデル事業が始められる。

　このように多様な学習者を対象としたeラーニングが，わが国において展開されるようになると，個々の学習者のニーズに合わせた支援システムが必要となってくる。そこで，独立行政法人メディア教育開発センターは，多くの大学や教育機関が開発するeラーニングに対する支援と，多数提供されるeラーニングコースを横断的に利用できる支援ネットワーク構築を目指している。このシステムは学習オブジェクトメタデータ（Learning Object Metadata, LOM）によるeラーニングコースの共有化を図るものである。

　以上のように，わが国のeラーニングが重要になっている現在，最も重要なことはeラーニングの質の保証である。高品質で効果的なeラーニングを開発する手法として，インストラクショナルデザインの実践的な活用がますます必要となっている。

目　　次

監修にあたり ……………………………………………………………………… i
この本の目的と利用方法 ………………………………………………………… vii

第1章　インストラクショナルデザイン活用の必要性 ……………………… 1
　　1.1　インストラクショナルデザインの定義 ………………………………… 2
　　1.2　企業のおかれている状況 ………………………………………………… 3
　　1.3　高等教育のおかれている状況 …………………………………………… 4
　　1.4　初等中等教育の現状 ……………………………………………………… 6
　　1.5　eラーニングコース開発の実際 ………………………………………… 8

第2章　ニーズ調査 ……………………………………………………………… 13
　　2.1　ニーズ調査の目的 ………………………………………………………… 14
　　2.2　ニーズ調査方法 …………………………………………………………… 15
　　2.3　ニーズ調査対象 …………………………………………………………… 16
　　2.4　学習対象者の欲求 ………………………………………………………… 20
　　2.5　ニーズ調査事例 …………………………………………………………… 22
　　2.6　課題 ………………………………………………………………………… 43

第3章　初期分析 ………………………………………………………………… 45
　　3.1　初期分析の目的 …………………………………………………………… 46
　　3.2　対象者分析 ………………………………………………………………… 46
　　3.3　技術分析 …………………………………………………………………… 50
　　3.4　環境分析 …………………………………………………………………… 60
　　3.5　タスク分析と重要項目分析 ……………………………………………… 61
　　3.6　学習目標分析 ……………………………………………………………… 64
　　3.7　メディア分析 ……………………………………………………………… 71

3.8　既存資料分析 ……………………………………………………… 72
　　3.9　コスト分析 ………………………………………………………… 73
　　3.10　課題 ……………………………………………………………… 76

第4章　設計 ……………………………………………………………… 77
　　4.1　設計の基本の復習 ………………………………………………… 77
　　4.2　設計事例 …………………………………………………………… 81
　　4.3　課題 ………………………………………………………………… 95

第5章　開発 ……………………………………………………………… 97
　　5.1　ストーリーボードはインストラクショナルデザイナが作成する … 98
　　5.2　学習目標項目の具体化事例 ……………………………………… 100
　　5.3　ストーリーボード事例 …………………………………………… 103
　　5.4　ストーリーボードではない事例―童話による教育― ………… 108
　　5.5　素材などの設計事例 ……………………………………………… 114
　　5.6　課題 ………………………………………………………………… 116

第6章　実施 ……………………………………………………………… 117
　　6.1　教育指導推進者 …………………………………………………… 117
　　6.2　実施ガイド ………………………………………………………… 119
　　6.3　コース案内 ………………………………………………………… 121
　　6.4　CeLP事例 ………………………………………………………… 123

第7章　評価 ……………………………………………………………… 125
　　7.1　評価の目的 ………………………………………………………… 125
　　7.2　評価の対象 ………………………………………………………… 126
　　7.3　評価の時期 ………………………………………………………… 126
　　7.4　課題 ………………………………………………………………… 134

第8章　教育コンサルティング例 …………………………………… 135
　　　　コンサルティング事例 …………………………………………… 136

付録 ……………………………………………………………………… 142

索引 ……………………………………………………………………… 147

監修者・著者紹介 ……………………………………………………… 149

この本の目的と利用方法

目的

　この本の目的は「インストラクショナルデザイン業務実施時や，インストラクショナルデザイン学習時に役立つ事例を提供すること」である。
　インストラクショナルデザイン業務実施時に，本事例をテンプレートとすれば，効率的に業務を進めることができると考える。実事例なので，あなたが現在実施しているインストラクショナルデザイン業務に完全に一致する事例はないかもしれないが，一部を利用するだけでも効果はあるだろう。なお，事例は論理に沿っていないところがそのまま残っていたりする。これは，制作期間，各種リソースの問題などで，現実との妥協を図ったものである。皆さんが現実にインストラクショナルデザイン業務を実施する場合も，理想通りにはならず，いろいろな調整を必要とする場合がほとんどであると思う。そのような事例としても参考になればよいと考える。
　『インストラクショナルデザインは難しい』，『理屈ばっかり学習しても現実に何をすればよいかわからない』，と感じている多くの人にこそ，利用してもらうことを想定している。

インストラクショナルデザイナに必要なもの

　インストラクショナルデザイン業務を実施するインストラクショナルデザイナが必要とするものは，以下のものである。

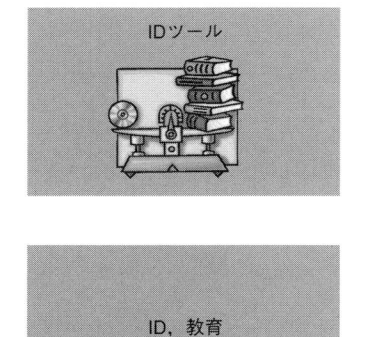

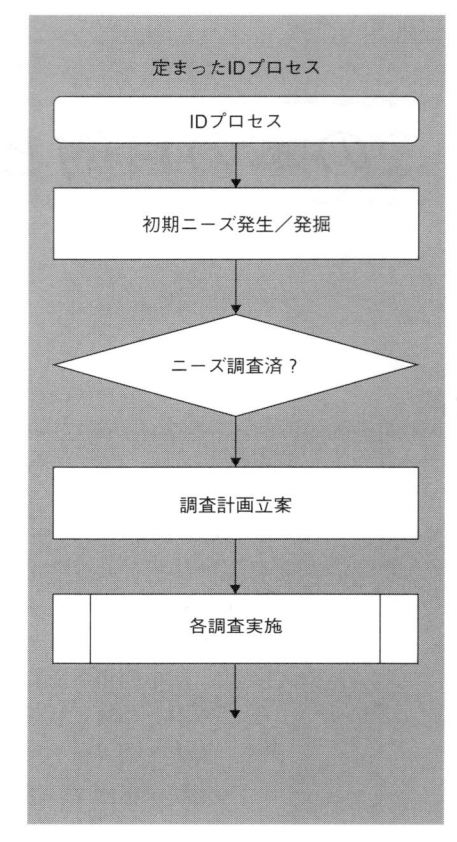

図0.1 インストラクショナルデザイナが持たなければならないもの

　まずは，インストラクショナルデザインに関する確固たる考え，ビジョンがあること。自分の考え，ビジョンにあわせたインストラクショナルデザインのプロセス，方法論を持っていること。そのプロセスを支援し，効率的で高速なインストラクショナルデザイン業務を実施する支援ツールを持っていること。そして，豊富なインストラクショナルデザイン業務経験を持っていることが必要である。

　インストラクショナルデザインの考え方は，本を読んだり，eラーニングコースを受講したり（米国や英国，シンガポールのコースが日本でも受講可能）すれば，難しくはあるが，学習することはできる。学習できれば，自分なりのプロセス，方法論を決めることはできるであろう。また，そのプロセスにあわせたツール（ITを利用した，多人数からなるプロジェクト用ツールが中心になる）を購入することもできる。経験以外は，努力と資力があれば対応できる。

　なお，インストラクショナルデザインのことをIDと記述し，インストラクショ

ナルデザイナをIDerと略号で表すことが日本では多い。eラーニング業界の資料でIDとかIDerとある場合は思い出していただきたい。本書でも図中ではID，IDerを使うことがある。

経験がない人でもインストラクショナルデザイナになれる

　現在の教育組織のなかにインストラクショナルデザイン業務を折り込んだり，または，教育コンサルタントとして独立しようという場合は，前記のような準備は必要不可欠であろう。
　そのとき，学習してプロセスを決め，ツールを作ることはできても，経験はなかなか積めないものである。
　この本は，この経験がないことに対応できるように作成した。つまり，いろいろな事例をインストラクショナルデザインの各プロセスにあわせて紹介し，インストラクショナルデザイン学習時に利用したり，インストラクショナルデザイナとして活動するときに，その一部をテンプレート代わりに利用することを目的としている。

　なお，関連する本として，『インストラクショナルデザイン入門—マルチメディアにおける教育設計』（ウイリアム W・リー/ダイアナ L・オーエンズ著，東京電機大学出版局)[1]がある。この本は，2003年3月にNPO法人日本イーラーニングコンソシアムのインストラクショナルデザインワーキンググループにおいて翻訳，出版した。著者は，このインストラクショナルデザインワーキンググループ10名のメンバーの一員として，この翻訳出版のまとめを担当した。
　ワーキンググループが同書を翻訳対象として選択したのは，IDのプロセスが具体的に書いてあり，日本におけるインストラクショナルデザイン手法の普及の一助になると判断したからである。
　幸い同書は好評を得て，インストラクショナルデザイン業務の標準的なハンドブック，業務手順書として利用されている。特に，多くの人が絡む教育コース開発プロジェクトにおいて，全員がこの本を持ち，この本で勉強会が行われていると聞いている。作業の高品質化を図るなどの効果があったのではないかと考える。
　しかし，この『インストラクショナルデザイン入門』は作業のハンドブックであり，インストラクショナルデザイン作業を実施する場合の作業手順書，さまざまな参考情報の参照，業務で使用するテンプレートフォームの入手を主な目的としている。つまり，インストラクショナルデザイン業務を学習し，理解した人が，作業時のハンドブックとして利用できるようになっている。
　そのため，同書によりインストラクショナルデザインを学習すると手順，ステッ

プはわかるが，具体的な教育コース開発実務を行う段になったとき，テンプレートの活用をどうするかなど，具体的に何をすればよいかはわからないという事態が起きている。

つまり，さまざまな実際の教育コース開発状況に対応しようとしたとき，その個々の事態にどのように対応すればよいかを具体的事例で示されないと，初心者のインストラクショナルデザイナは，実際にインストラクショナルデザイン業務が実施できないという状況に陥っているようにみえるのである。

初心者のインストラクショナルデザイナが増加してきた現在，効果的にインストラクショナルデザイン業務を実施するには，インストラクショナルデザインの具体的な事例が必要だと考える。これらの事例を具体的なインストラクショナルデザイン業務にあてはめていけば，初心者でも効果的な教育コース開発が可能となる。

そこで，本書では，インストラクショナルデザイン業務の具体的事例をインストラクショナルデザインの各工程別に提示する。

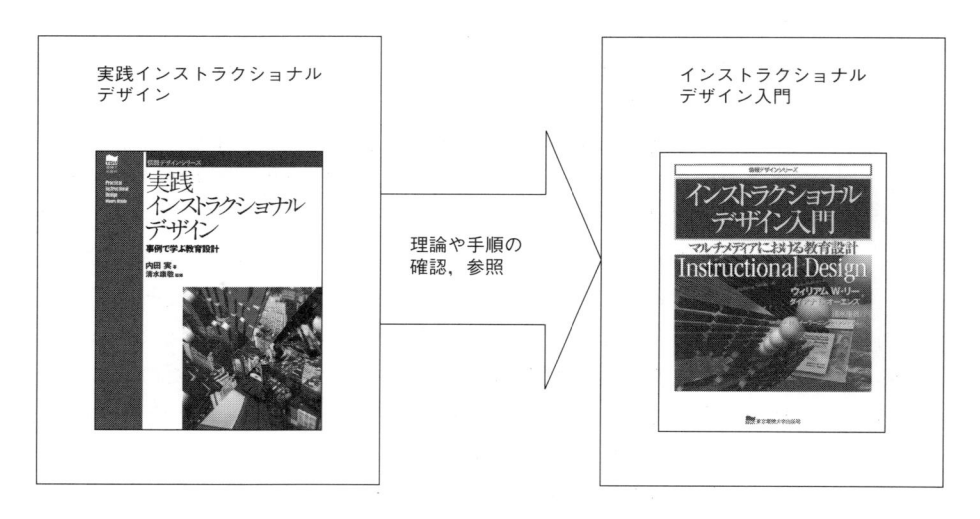

図0.2 本書と「インストラクショナルデザイン入門」[1] の関係
　　　ただし，本書単独でも理論や手順は自ずと学べるように書かれている。事例を学習していけば，自然とインストラクショナルデザイン理論も身についていく。

なお，諸事例は，実際の例をそのまま記述したわけではない。インストラクショナルデザイン業務の本質として，顧客の状況を分析して，教育戦略を決定していくという作業になり，内容はそのまま公開できるものではない。

そこでこの本では，事例を各ステップごとに分け，その内容をある程度一般化し

て記述した。その意味で，ここに挙げた事例は実例ではなく，標準化事例といえる。

　なお，すでに詳細が発表されていたり，顧客から掲載許可をいただいたインストラクショナルデザイン業務事例は，その顧客の名前を記載した。

　今後，米国の事例や詳細テンプレート，ツールなどについても，翻訳して紹介したい。

謝辞

　最後に，執筆に際し，ご指導していただいた独立行政法人メディア教育開発センター理事長・国立教育政策研究所教育研究情報センター長の清水康敬先生，事例の使用を許諾いただいた千葉大学園芸学部の飯本光雄教授，北越製紙株式会社の中俣恵一氏，原山毅氏，IDツールの情報をいただいた日本ユニシス株式会社の堀内淑子氏，その他ご協力いただいた多くの方々に深く御礼申し上げます。

　　　　　　　　　　　　　　　　　　　　　　　　　　　　　　　　　著者

1 インストラクショナルデザイン活用の必要性

　プログラム学習などの開発手法から，インストラクショナルデザインが米国で提唱されたのは1970年代である。日本では，1990年代初期に関連の書籍が発売された。そして，インストラクショナルデザインが注目されてきたのは，日本では21世紀に入ったころからである。

　しかし，2000年あたりまでは，インストラクショナルデザインという言葉を知っている人は日本にはほとんどいなかったように思える。それが，eラーニングの普及が始まった2000年以降，eラーニング関係者からインストラクショナルデザインという言葉を聞くようになってきた。

　NPO法人「日本イーラーニングコンソシアム」のインストラクショナルデザインワーキンググループにおいて"Multimedia-Based Instructional Design: Computer-Based Training, Web-Based Training, Distance Broadcast Training", W.W.Lee and D.L.Owens, Jossey-Bass / Pfeiffer, 2000（邦訳：『インストラクショナルデザイン入門』，東京電機大学出版局)[1]の勉強会をワーキンググループとして開始したのが2002年である。それ以前からインストラクショナルデザインをどのような方法で学習をすればよいかは関係者の中で話し合われていた。なお，勉強会だけではもったいないという声が上がり，ワーキンググループ員の大いなる努力により，翻訳出版までこぎつけたのである。

　「eラーニングの普及を図りたいが，コンテンツが少ない。どのようにコンテンツを増やしていけばよいか」という問いの答えをインストラクショナルデザインに求めた結果が，このようなワーキング活動であった。

いま振り返ってみると，当時のインストラクショナルデザインに対する世間の期待には「大量のコンテンツをあたかもカップラーメンに湯を注ぐ（インストラクショナルデザインを注ぐ？）ごとくに，コンテンツが作れるのではないか。コンテンツが増えればeラーニングシステムも売れる。eラーニング市場が拡大する」という考え違いがあったように感じる。

コンテンツの開発とは，どのような教育を実施することが一番よいかを設計し，そのうえで実施するものである。ソフトウェアの開発でも，そのソフトで何を実現するのかという目的を明確にして，その目的に最適にするように仕様を決めてからでないと，ソフトはできたが目的の業務改善には役立たずお蔵入りになった，ということになるのと同様である。インストラクショナルデザインは，教育コースの開発を効率的に実施し，効果的なコースを開発できる方法論であるが，魔法の手法ではないので，それなりのプロセスを踏み，必要な工数はかけなければならない。しっかりした理論的裏付けとプロセスの確立，ツールを活用したインストラクショナルデザインプロジェクトチームが，経験の深いインストラクショナルデザイナに率いられれば，短期間に教育コース・コンテンツの開発が可能である。

1.1 インストラクショナルデザインの定義

インストラクショナルデザインの定義にはいろいろあるが，再度，その定義を見直してみよう。表1.1は「経済産業省 平成15年度情報経済基盤整備」事業「アジアeラーニングの推進」報告書[2]のインストラクショナルデザインの定義である。

表1.1 インストラクショナルデザイン定義[2]

「インストラクショナルデザイン」とは教育の真のニーズ充足のために学習の効果・効率・魅力向上を図る方法論である。
「インストラクショナルデザインプロセス」とはインストラクショナルデザインの方法論に基づく「ニーズ調査」「初期分析」「設計」「開発」「実装・実施」「評価」というシステム的な教育コースの開発サイクルである。
「インストラクショナルデザイナ」とはインストラクショナルデザイン方法論に基づき，インストラクショナルデザインプロセスを用いて，組織と学習者の真のニーズを充足する教育コースをデザインする人である。

2003年に実施されたeラーニングファンダメンタルの授業（岩手県立大，鈴木教授）では，「インストラクショナルデザインとは，研修の効果と効率と魅力を高めるためのシステム的なアプローチに関する方法論であり，研修が受講者と所属組織のニーズを満たすことを目的としたものである。インストラクショナルデザインにより開発される教育コースは学習原理，教育工学などの学習者の実施するさまざまな学習活動を含むものであり，それを開発する手順がインストラクショナルデザインプロセスである」（鈴木，2003 eラーニングファンダメンタル授業を内田の理解に従って記述）と解説された[3]。

　この本は，インストラクショナルデザインプロセスの具体例を示すものであり，開発された教育コースやコンテンツそのものを示すものではない。学習原理などに従い，どのようにインストラクショナルデザインのプロセスを進めるかを示す本である。

1.2　企業のおかれている状況

　日本の企業は，現在大きな変革の時期にさしかかっている。教育に関連するその変革の，いくつかの項目を挙げると次のようになる。
- 年功序列の廃止
- 人員の流動化
- 能力主義による評価，処遇
- イエスマン，画一的な技能要求から，各自にプロとしての技能を求める
- 市場の急速な変化に対応できる人員
- 必要な技術，知識の増大と加速化
- 自分で考える・企画する・提案することなどを重視
- ICT（情報コミュニケーション技術）の急進
- 国際化，事業発展には国際的活動必要

このような市場の変化に，企業の人事部などの教育組織は対応できているであろうか。

　前述のような企業のおかれた状況を考えると，教育の高速化，効率化，高効果化が求められている。これを実現するために，eラーニングなどの最新ICT技術を利用することには，だれも異論を唱えないだろう。

　図1.1は，「経済産業省 平成15年度情報経済基盤整備」事業「アジアeラーニングの推進」報告書[2]のインストラクショナルデザインインタビュー調査の回答者の職務経験年数を表している。

図中のユーザとは，人事部などの企業内教育担当者である。ベンダーとはユーザからコンテンツの開発を受託する企業の担当者である。ユーザ/ベンダーとは，顧客の教育コースの開発・実施も行うが，自企業内の社内教育の開発実施も行う担当者を示す。

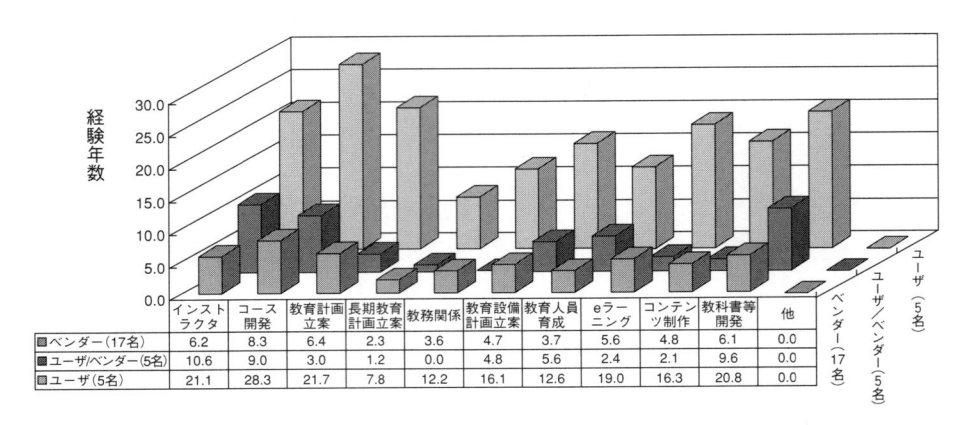

	インストラクタ	コース開発	教育計画立案	長期教育計画立案	教務関係	教育設備計画立案	教育人員育成	eラーニング	コンテンツ制作	教科書等開発	他
ベンダー（17名）	6.2	8.3	6.4	2.3	3.6	4.7	3.7	5.6	4.8	6.1	0.0
ユーザ/ベンダー（5名）	10.6	9.0	3.0	1.2	0.0	4.8	5.6	2.4	2.1	9.6	0.0
ユーザ（5名）	21.1	28.3	21.7	7.8	12.2	16.1	12.6	19.0	16.3	20.8	0.0

図1.1 企業内ID調査対象者の経験年数[2]

対象者数が少ないので確実なことは言えないが，ユーザは教育に関する経験が非常に長い。eラーニングについても，eラーニング関連の企業を対象に調査したので経験が長い。それに比べベンダーは，教育経験が非常に短い。この図からはわからないが，筆者のこれまでのeラーニング関係者と会った経験を振り返ると，ベンダーはソフトウェア開発業務から移行してきたり，ホームページ開発のデザイナから移ってきた人が多いように感じる。

企業内の教育担当者は，長い教育実施経験を持っている場合が多いが，人数は多くない。また，市場変化に対応するための企業内再編成「リエンジエアリング」などにより，無経験の人が教育担当になることもある。コンテンツ制作などを行うベンダーは，人事部の教育担当者から比べると相対的に教育コース開発の経験などは少ない。また，経験があっても，人事などの担当者から言われたとおりの画面を作っているだけで，教育コースを開発した経験があるとはいえない場合もある。

このような経験不足を補うために，そして，効果的で効率的な教育コースを短期間に開発するために，本書を利用してもらいたい。

1.3 高等教育のおかれている状況

高等教育の役割は，研究と教育である。
研究については，論文の数や発表回数，研究の内容の深さなど，いろいろな尺度

で実際に評価されてきた。しかし，教育については，研究ほど明確な評価がされていないようにみえる。

産業界の高等教育の教育面に対する要求は，基礎学力強化，即戦力強化，新技術などの開発力強化，海外生産拠点進出対応の国内技術空洞化対策など，多岐にわたる。若者の製造業離れ，理科系科目嫌いなどの対応も要求されている。また，リストラ対象者や高齢者への生涯学習対応も求められている。

また，大学自身も少子化による学生数縮小や独立行政法人化に対応した，特徴があり，学生と企業に魅力のある経営ビジョンを内外に示していく必要がある。

- 企業の求める人員の供給元として，企業のニーズにどのように応えるのか
- 学生のニーズに応える学習の提供とニーズ創造（理科系が嫌いだから文科系だけを教育するのではなく，理科系の学習意欲をかき立てるようなことも必要）
- リストラなどによる転職者，高齢者への新規業務能力の育成にどのように対応するか

以上のような，企業や学生そのものの要望にどのように応えていくかが必要となっている。つまり，企業と学生に対し，下記のような項目を明確に示す必要が出てきたのである。

表1.2　今後，高等教育が明示を必要とする項目

対象	明示すべき項目
企業へ対し	その卒業者の持つスキル項目，どの程度の業務ができるか（生産量，作業レベルなどを含む）
社会に対し	学生起業家の育成，新規事業の創造による社会の発展を図り，大学が社会を牽引していくというような独自なビジョン
学生に対し	学習ゴールは何か，個々の学習目標は何か。その学習をした場合の，社会へ出てからのロードマップなど
高等教育機関そのものに対し	教育にかかるコストと企業への提供人員人数とレベル。そこから計算できるROI。また，教育実施者としての教授のインストラクショナルデザイン技術，学生を導くファシリテータとしての技術などの証明発行（現在FD（Faculty Development）が叫ばれているが，本当に何がよくなったか外部から見えるようにしていく必要がある）

産業そのものが激動している現在，ゼミ教授の名前だけで卒業者が何ができ，どのようなレベルか明確にわかるような例は僅少になってきたのではないかと考える。企業が学生を選択するときの明確な指標が出せるような高等教育機関こそ，生き残っていくのではないだろうか。

このようなことを明示するためには，(1) 教育の方向を明確に定義し，(2) その対象産業のニーズを分析し，(3) ニーズに従った学習目標を設定し，(4) 設定した学習目標をどのように習得させるのが最適であるかを設計する。学習の効率化，高効果化などを考慮して，最新のICT技術の活用も含む教育方法の開発，学習効果を学習目標レベルで明確に評価する必要がある。

文部科学省の国立大学法人評価委員が2004年5月に発表した中期計画のなかで，いくつかの大学がこのような目標を挙げている。卒業者の就職先企業への貢献度調査などによる社会の大学評価，卒業者そのものへの定期的なアンケート調査などによる評価が実施されるようになるのではないかと考える。

高等教育機関の技術教育については，日本技術者教育認定機構（JABEE：Japan Accreditation Board for Engineering Education）に対応するためにも，このようなことが必要と考える。

また，e-Japan重点計画2004では，「高度で専門的な知識や技術について継続的に学習できる環境の整備」，「コンテンツ創造の活性化」により，わが国の国際競争力を維持・強化していく，とある。

ITを活用した遠隔教育の推進では，(1) 大学などのeラーニングの推進，(2) インターネット大学・大学院の設置基準改正，(3) 大学の公開講座の全国配信，(4) 技術者の継続的能力開発・再教育，(5) 教育情報衛星通信ネットワークの全国展開，となっている。

コンテンツ産業の国際競争力強化では，(1) 人材の育成，(2) デジタルコンテンツの流通環境の整備，(3) デジタルコンテンツ市場の拡大，(4) デジタルアーカイブ化および国内外への発信，(5) アーカイブ流通のための技術開発の推進，となっている。

e-Japan Ⅰ，Ⅱにおける，大学などの高等教育機関の果たすべき役割は大きいといえる。

これらの点について，インストラクショナルデザインの導入が役立つと考える。また，一部の大学では，インストラクショナルデザインそのものの授業の開講も計画されていると聞いている。高等教育機関も大きく変わりつつある。

1.4　初等中等教育の現状

初等中等教育も大きく変わろうとしている。

e-Japan計画により，(1) 将来のITに関する専門的人材の育成を目指した「情報」専門科目の新設，(2) 情報社会に主体的に対応できる情報活用能力の育成と各学科等でのIT活用，などが推進されている。

2004年度にはIT人材育成プロジェクトとして「スーパーITハイスクールともいうべき高等学校を10校指定」,「世界一級のクリエーターの卵を高等学校段階から育成」が進められている。

また,2005年度までには,すべての公立学校の高速インターネット接続（2003年度では57%が高速インターネット接続）,すべての教室がインターネットに接続されることが進められている。「概ねすべての公立学校教員がコンピュータを用いて指導」ができるようになるのも2005年である。

基盤は整いつつあると感じる。問題は,コンテンツと授業で具体的にどのようにITを利用した授業をするか,ということである。

コンテンツについては,教育情報ナショナルセンター（NICER）http://www.nicer.go.jpが,教育・学習に関するあらゆる情報を収集し,体系的に整理した教育・学習情報の中核的ポータルサイトを構築している。2003年度で約7万件の静止画,動画などの学習素材,実践事例,指導案などが登録されている。必要なコンテンツを検索（LOM：Learning Object Metadataという共通的な検索情報が付いている）して使用できる。

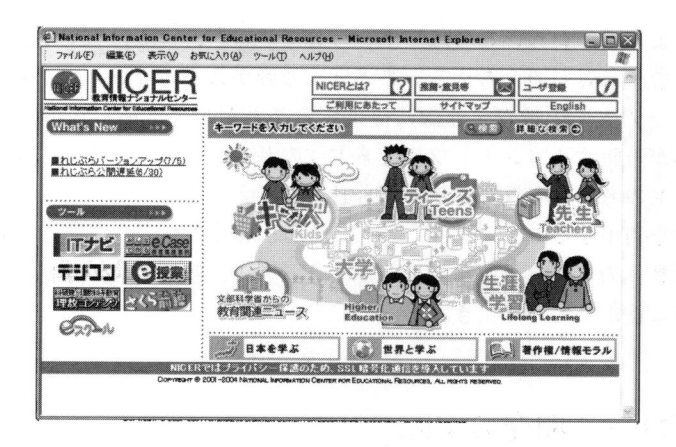

図1.2　NICERホームページ [http://www.nicer.go.jp]

授業方法についても,NICERのポータルページ「IT教育実践ナビ」により,各教科における効果的なIT活用法と実際の授業風景を動画でみることができる。また「e授業」ページでは,教師向けに授業でのIT活用方法を「概要,授業準備,IT活用のポイント,応用事例」の流れに従い,動画やアニメなどを含む教材でわかりやすく説明している。

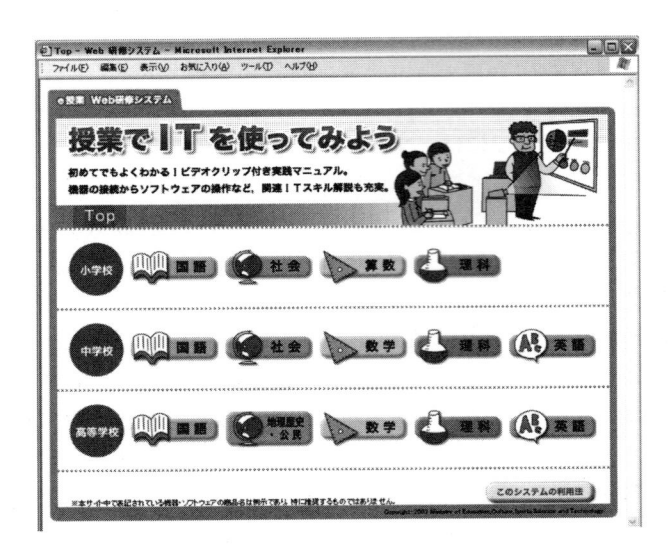

図1.3　e授業　[http://www.nicer.go.jp/eltt/]

　このように，いろいろな施策がとられているが，実際に有効的にこれら施策を働かせることは難しいと考える。まずは，教師が変わらなければならない。そのために，ITそのものの教育を教師に提供することが必要であろう。また，NICERや一般企業が市販するコンテンツや授業方法の基本となっているインストラクショナルデザインの考え方を教育することも必要と考える。
　本書を利用することにより，生徒に合致した授業方法の設計，コンテンツの選択，または制作の実際を学習することができるので，教師教育の実践を行う人は，本書を参考に使用していただきたい。

1.5　eラーニングコース開発の実際

　図1.4はインストラクショナルデザインの基本的なステップとその時間配分である。このような手順に従えば，ニーズにマッチし，しかも余計なものがなく効果的で，効率的な学習が可能な教育が開発できる。
　まずは，日本における現在のeラーニングの開発の多くがどうなっているか見てみよう。以下の説明が誇張であるかどうか，自分の組織ではどうなのかを考えながら読んでほしい。

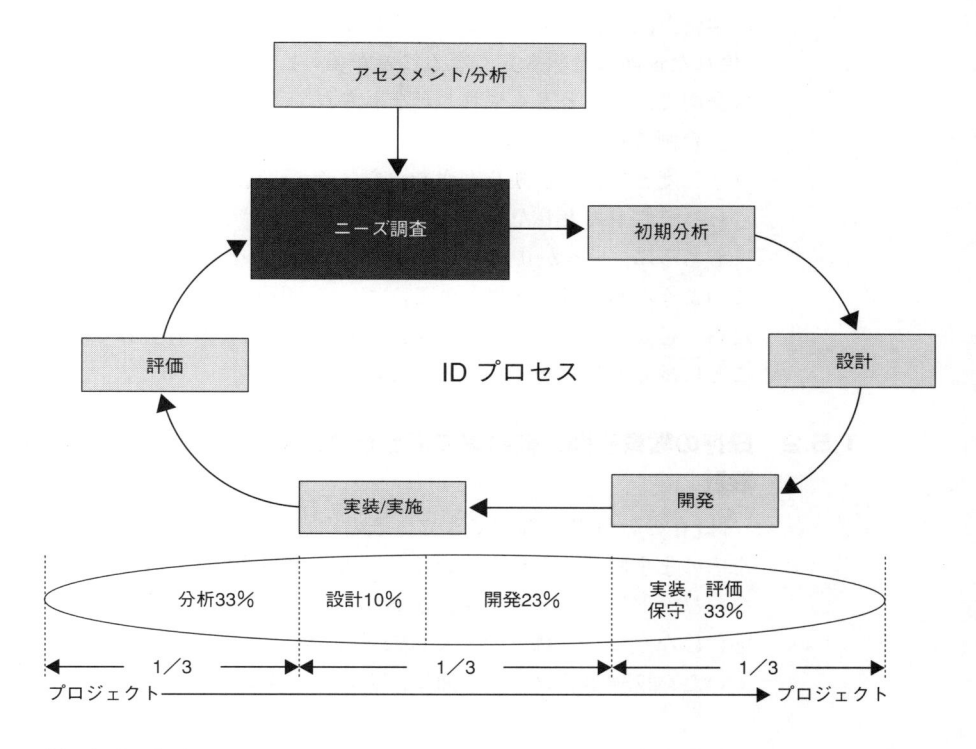

図1.4 IDプロセス

1.5.1 ニーズ調査，分析なし

「今まで教育をしていたのだから，調査も分析もいらない」，「新しいシステムの使い方の教育に，何も"分析だ"，"ニーズ調査だ"などは必要ない」，「新任課長研修のニーズ調査，そんなものなんで必要なの」，「調査や分析は，たしかにやれば良いかもしれないが金も時間もない。コンテンツの開発とLMSの導入に金をかけろ」，「他社がやっているのだから，やらなきゃならない。それだけだ」

一般的にニーズ調査や分析について，教育ベンダーがユーザから料金をもらって実施するという習慣が日本にはない。ベンダーはユーザから「○○の教育コース開発の企画書を持ってきてよ」と言われて，推測に基づくデータで企画書を作っていく。すると，教育方法や教育内容よりも，どのようにきれいにデザインするか，上司を納得させられるアニメや動画などのマルチメディアがどのくらい入っているかなどにより，その企画は評価されて決定される。教育内容が，本当に業務に必要な項目と一致しているか，提案されている学習方法が受講者に合致しているかなどが細かく評価されることは少ない。

学習方法や教育項目の構成などの企画がすばらしくても，その見積額が高ければ（優れた企画は金額も高くなることが多い），その企画案だけを他のベンダーに「この企画で，もっと安くやれ」とまわされてしまう。結局，教育サービス事業において，企画で稼ぐことはできない。「金になるのは単なるコンテンツ作成だけだ。もう，二度と分析，企画なんかやらないぞ。…とは言いながら，本当は正当な対価をもらってちゃんとした教育開発をしたいんだけどな…」。

　もちろん，しっかりとニーズ調査，初期分析を実施している例もあるのだろうが，このような例が多いと思われる。ニーズが明確でなく，その分析がされていなかったら，必要なことが教育されず，不必要なことが教育される。そして，重要でないことに多くの時間が使われることになる。

1.5.2　既存の教育手順，教科書に沿ったコンテンツ構造，単なる情報提示としての設計

　「既存の教科書を持ってきて，その内容を項目ごとにコンテンツ化する（教科書をそのまま画面に入れるということはさすがに少なくなり，画面上にはイメージやキーワード，アニメーションがあり，ナレーションが付くというマルチメディア対応にはなっている場合が多くはなってきた）」，「集合教育でインストラクタが使っていたパワーポイントの画面に，ナレーションをつけるだけのコンテンツ」

　教科書をそのまま読んだ方がわかりやすいコンテンツや，えんえんと続くナレーションという学習者の意欲を失わせるコンテンツが多い。集合教育の教材をそのままコンテンツ化することも，作成コストと工数から考えると，使用方法によっては効果を出せる。特に，授業をパワーポイントの画面と一緒に動画として提示するようなコンテンツは，授業を受けられなかった人への支援資料としたり，復習に利用する場合は効果がある。

　しかし，このようなコンテンツですべてを教育しようとすると，学習修了率は極端に低くなる。自学自習で学習するコンテンツを作る場合，学習方法や順番，学習支援方法などを工夫する必要があり，単なる教科書の焼き直しでは学習効果が得られないことが多い。

1.5.3　「きれい」「見やすい」などによるコンテンツ評価

　教育を直接担当していない取締役などにコンテンツを見せて，支払いの許可をもらうためには，「アニメーションがあり，ナレーションが付くというマルチメディア対応になっているか」などの見た目の評価が中心になる。試験コースを実施して，どんな効果があるかを検証してからそのコンテンツでの教育を開始する，などということは，ほとんどない。

教室で先生が黒板に描く絵は，きれいでなくても非常に教育効果が高いことが多い。もちろん，きれいな絵を描く先生もいるが，デザイナが描くようなきれいな絵を黒板に描く先生は少ないと考える。通常，内容が明確に理解できる絵があればよいのであり，それ以上にディテイルが付いていたりきれいすぎたりすると，注意がそちらにまわり，教育上よくないと考えられる。また，作成コストもかかってしまう。

　シンプルな構成で，学習目標を習得することに集中できるコンテンツは，制作コストも低くなる。

1.5.4　コンテンツをLMSにのせれば，それで終わり

　コンテンツをLMSにのせて，教育が受けられますという情報をメールなどで流すだけで終わっている。

　学習者へのきめ細かい支援がないeラーニングの修了率は，非常に低いことが知られている。チュータなどによる学習者同士の協調学習促進支援などが大事である。

1.5.5　コンテンツを開いたかどうかだけのコース評価

　LMSには学習履歴機能が付いているが，ほとんどのユーザはこれを利用していない。見ているのは修了率程度の場合が多い。

　その教育が，そのコースを開設する原因になったニーズをどのくらい満たしているのか。どの学習目標が具体的に習得されたのか，またはされなかったのか。その結果，業務にはどのような影響があるのか。教育コースのなかでは実施された項目でも，実際の職場では実施されない例なども多い。そのような分析，評価が日本ではほとんど実施されていない。

　eラーニングシステムやコンテンツのベンダーが，ユーザからコース評価，教育体系の評価などを受注したという事例もほとんど聞いたことがない。評価にまで教育コストをかける習慣が，日本にはほとんどないと言ってもよい。

1.5.6　コンテンツなどの改善は何もなし

　eラーニングのコンテンツは一度作られると，大きな間違いがあるとか，内容が現状に完全にあわなくなったなど以外は，改善されることは少ない。

　同じ講師が繰り返して実施する教育の場合，講師が前回の成績の悪かった部分を見直し，新しい事例・現実の状況の変化などを取り入れ，授業のやり方を改善している場合が多い。毎回，学習者の満足度を測定して，前回よりも良くなければならないと定めている教育組織もある。講師による改善は，教材（コンテンツ）の場合もあるし，話し方や，説明の順番，事例の変更などもある。通常，同一講師による教育の場合，初回コースよりも，10回目のコースのほうが確実に内容は良くなっ

ているのである。

　なぜeラーニングのコンテンツでは，この改善がされないのであろうか。最初に設計されたままではなく，学習者のリアルタイムの反応を取り入れてコンテンツも各種支援の方法も変えていく必要がある。

　人事部などの教育組織や，教育ベンダーのなかには，前記のような状況を完全に改善してすばらしい教育コース開発手順を実施しているところもある。
　しかし，まだ，改善できていない組織も多いと感じている。
　このようなeラーニングコース開発を続けていると，従来の講師による集合教育のほうがずっと良い教育結果をもたらすという評価しか得られないeラーニングが蔓延してしまう。
　正しい教育コース開発を行い，ラーニングベースソサイエティを構築したい。

2 ニーズ調査

　ニーズ調査はどうして必要なのだろうか。
　例えば企業内教育では，新任主任になったとき，課長になったとき，そこで教育をするのがあたりまえだと考えられ，実施されてきて問題がなかった。そのようなときに，図2.1のような新任課長研修のeラーニング化の話が起こった。「今までの教育を単にeラーニングに置き換えるだけなので，ニーズ調査など必要ない」「今まで問題がなかったのだから，なぜ調査など必要なんだ」。または，「教育担当者が階層別教育事例を調べたり，今までの教育内容を調べたりして，そのなかでニーズ調査はこれまでも実施していたはずだから，eラーニング化するといってもニーズ調査などいらない」という意見も多く聞こえる。

　数十年にわたる新任課長への研修教育は3日間の集合教育で実施されている。そのコースをeラーニング化したい，という相談がコンテンツ開発ベンダーにあった。必要時に少しずつ内容を見直しながら教育してきたので，教科書はしっかりしたものができている。教育実施後のアンケートによる調査では，学習者の評価は「受講してよかった」が多く，評価は高い。また，研修実施者の実施報告も評価が高い。
　不景気対策の意味もあり，現在の集合教育をeラーニングにすることにより，教育コストを減らしたい。
　教育内容は，
　・財務関係知識教育（バランスシートの見方など）
　・課長業務，システムの使い方など
　・役員レベルの講話とその後の討議
　・ワーキンググループでの課題の解決策作成

図2.1　新任課長研修のeラーニング化にニーズ調査は不要？

しかも，新任課長研修の受講者に対するアンケート調査では，非常に良かったという回答が大変多いと聞く。ただし，研修項目のいずれかが実務に非常に役立ったという話はほとんど聞かない。

この事例で，ニーズ調査が必要かどうかを考えるために，ニーズ調査の目的と方法を再考しておきたい。

2.1 ニーズ調査の目的

```
┌─────────────────────────────────────────────────────┐
│  情報収集に集中し，欲しかった情報ではなく，真のニーズを調査する。  │
│                                                     │
│       1  ニーズの源は何か？                         │
│       2  ニーズに対応するために何をすべきか？       │
│       3  ニーズに対応するために何を知るべきか？     │
│       4  ニーズに対するソリューションの価値は何か？ │
│       5  ソリューションの結果の評価方法はどうするか？│
│                                                     │
│              〈分類〉                               │
│              1  一般ニーズ                          │
│              2  感覚ニーズ                          │
│              3  需給関係ニーズ                      │
│              4  比較ニーズ                          │
│                                                     │
│   ・言われたことと，実際に行われていることに違いがないか │
│   ・ニーズ種類に従い，観察などで検証                │
└─────────────────────────────────────────────────────┘
```

図2.2　ニーズ調査の目的

図2.2にニーズ調査の目的を示す。ニーズ調査の目的は，真のニーズをとらえることである。そして，ニーズに応える方法として教育が最適かどうか判断することである。真のニーズを採取し，採取できたニーズの分類，そして，採取したニーズに間違いがないかなどを検証する。

採取したニーズと実際は，往々にして異なることが多い。例えば，アルバイトの入れ替えが半年間に50%（約1000人）あり，その教育に一人当たり3日間の時間がかかっている。これをeラーニング化して工数を半減したいというニーズの場合，離職率を半減させるような職務体系と管理方法に変えていけば，それだけで工数は目的を達成できる。もし，その改善した職務体系や昇進昇給などの管理方法が適切

なら，職務そのものの効率などがそれ以上に向上すると考えられる。つまり，これは離職率そのものが問題であり，教育の問題は二次的なものである。仕事そのものの意義やビジョンの共有ができず，やる気がなく士気が落ち，離職率が増え，業績も下がるということになってしまっていたのである。もちろん，この場合，教育内容と時期の見直しで初期教育の期間を3日から1日に変更するなどの教育上の改善もニーズ分析から実施できる。

2.2 ニーズ調査方法

　　ニーズ調査の手順としては，表2.1に示す工程を順番に実施していけば実施できる。ただし，熟練のインストラクショナルデザイナは，これらの順番にとらわれず，複数のタスクを並行して実施し，短期間に効率的にニーズ調査を実施する。

　　最初は手順どおりに実施し，慣れてきたら状況にあわせて各タスクを並行に実施して，効率的に行うようにしたほうがよい。

　　ニーズ調査は，ニーズ調査の対象者である実務実施者などに負担を課すものである。その意味で，短時間で真のニーズを調査することが必要である。また，調査対象者が信じているニーズと現実とは異なることもあるので注意すること。

表2.1　ニーズ調査タスク

NO	タスク	内容
1	現状を調査する。新規業務では新しく定義する。職務に必要なスキルと要員選定の基準，現状の育成内容，業務実施上の環境などの問題点，組織の業務支援方法，褒賞などに関し，調査して文書化する。	現状を調査するが，新規事業など現実にその事業がない場合は，新規事業がどのようなことをどのような手順やツール，体制で実施するか定義する。 調査方法として，インタビューやアンケート，観察，シミュレーションなどのK:知識とS:技術が必要であり，そこで得られたニーズを分類することが必要である。 また，組織のインセンティブなど全体評価，個別職務評価，研修評価ができる知識と技術も必要である。 事業戦略から学習戦略を作ったり，学習戦略から具体的な教育企画，計画ができることも必要であるが，これについては，上級レベルのインストラクショナルデザイナに要求されるものであり，初級者のインストラクショナルデザイナに求めることは無理がある。 なお，具体的なインタビュー技術，態度である傾聴（Active Listening）の技術，アンケートなどの調査の統計的処理や妥当性の検証などについては，それだけで別の本が何冊も書けるような内容である。また，インストラクショナルデザイナは，必要時にこのような関連する技術を持った専門家の協力や，統計ツールなどの活用を通して，業務を実施する。

2	職務を定義する。既存の職務は調査し、定義がない場合や新しい職務の場合は、新しく作成する。	米国の場合は職務議定書（Job Description）があるのが通常であり、その規定と現実の差をみつけることになる。日本の場合もISO9000などの普及により、業務手順などが明確に規定されている場合が増えてきた。そのような規定のない場合は、教育ニーズの対象になっている業務がどのような作業、手順でなされるかの定義を行わなければならない。これが不明では、何を教育すればよいかわからなくなる。しかし、これをせずに、単に必要知識（と思われる）を羅列して、それを勝手なレベルで教えている例もみられる。 また、国などの規定により職務議定書が作成されている場合、その分量が5センチのキングファイル数十冊となり、キャビネ一杯にあるなどという例もある。このような場合、通常この規定は見る人もなく、何らかの事故や事件が出たときに初めて参照される場合がある。このような規定は、参考程度に利用し、実際の職場の職務を調査する必要がある。
3	ゴールを列記し、重要なものから並べる。現状とゴールとの差を明確にする。	開発する教育コースの、ニーズへの解決策としてのゴールを1〜3個記述する。現状とゴールとの差を明確にし、教育の必要性を示す。 なお、ニーズが多岐にわたる場合は、ニーズを階層構造化し、各階層ごとの教育コースを構造化して開発する。おのおののコースに対し、該当レベルでの目標を書くとともに、ゴールの全体との関係が常にわかるようにする。
4	現在成功している領域を調査する。	現状の業務実施上で、成功している領域、好調な領域を明確にする。通常、この成功領域をより強化する方向で教育コースを企画する。真のニーズをつかんでいないと、表面的に欠けている部分のみが見えて、現在の成功の元が教育の項目から抜けることも考えられる。 この部分は事業戦略とも関連することであり、ビジネス推進のトップの考えをしっかりつかむことが必要である。この調査結果は、初期分析での重要項目分析のデータとしても利用する。
5	提案書を作成する。	企業トップに対して、教育が必要であること、そのニーズの解決策としてのゴールが正確であるために初期分析が必要なことを説得できる報告書を作成する。 対象の職務を明確にし、現状を示す。到達すべきゴールを示し、現状とゴールの差を明確にする。その差がニーズの源であることを示す。

2.3 ニーズ調査対象

　　　　ニーズ調査の対象は、基本的に企業内教育に関係する関係者全員である。ここでいう関係者とは、近頃のセミナーや報告書などでよく使われるステークフォルダー（Stake holder）という言葉と同じ意味を示す。利害関係者といってもよいと考える。

企業内教育では，表2.2に示すような関係者が考えられる。

通常，企業の目的は，第一に利潤を上げることであり，教育もそれを達成するために経営者などのビジョンを反映するための大きな柱にならなければならない。経

表2.2 企業内教育関係者

NO	分類	対象者	教育上の役割
1	企業	経営者	経営戦略に必要な組織を構成するのに必要な教育戦略を承認して，企業のビジョンの実現，利益の確保などを行う。
2		業務実施組織上長	実際の業務実施について，具体的に何が不足しているのかを分析し，対応策（教育，採用など）を実施する。
3		業務実施組織同僚	同僚と共同して仕事にあたるプロジェクトチームでは，同僚が学習者にどのようなことを求めているかを明確にする必要がある。求められるものが単なる知識，技術なのか，それだけではなく高いEQ (Emotional intelligence Quotient)や信頼関係なのかなどである。教育のなかに信頼の構築やEQ向上を入れる必要があるかどうか明確にする。
4		内容の専門家	内容の専門家は同僚の場合もあるだろうし，外部のプロフェッショナルのときもある。何が専門家と初心者との違いか，どのようにして専門家になれたのかなどを調査する必要がある。なお，新規業務では，どこにも内容の専門家がいないときもある。その場合は，業務手順などを明確に定め，それをシミュレーションしてみることなどにより，専門家になるために必要な学習項目を決める。
5	教育機関	教育提供組織上長	教育提供組織（人事部教育係など）として，教育方針，教育戦略を決定する。通常，期ごとの教育計画，長期教育計画を分けて制作する。教育設備/教育人員（インストラクタなど）計画についても，短期，長期に分けて決定する。
6		インストラクタ	講義手順や方法，eラーニングの学習者支援方法，学習者への教材・課題の準備と提供方法の決定を行う。学習者の支援と評価も行う。メンター，チュータ，講師などいろいろな呼称がある。同じ呼称でも意味が異なることがあるので注意が必要である。
7		受講者	受講者自身のニーズは何か。上長らとは違うニーズをもっている場合も多い。学習者の現在のモチベーション，技術レベル，学習に関する特徴などが教育設計に大きく影響する。
8	市場	エンドユーザ	受講者が教育修了後に，その修得して得た知識，技術，態度を利用して開発・製作した製品やサービスを受け取るエンドユーザ。製品やサービスの品質・内容が，エンドユーザのニーズにあっているかどうかは重要である。現在の教育が，市場のニーズにあっているかどうかを知る必要がある。個別ユーザから受託してコース開発するような場合は，個別のエンドユーザ調査となり，不特定多数のユーザのような場合には市場調査となる。
9		その他関係者	

営者や業務実施組織の上長，そして，エンドユーザのニーズをしっかりとつかまなければならない。つまり，経営戦略と学習戦略の適合が必要である。

　また，実際に学習して，経営ビジョンなどを実現するのは学習者である。その意味で，学習者のニーズを明確につかまなければならない。学習者のニーズと経営者のニーズは，往々にして異なる。例えば，仕事の密度を上げたいという経営側のニーズと，楽をしたいという学習者のニーズがぶつかったりする。小学校の教育などでは，先生や親が教えたいと思っているのに，子供は遊びたいと思っているのが普通である。

　この状態をそのままに放置すると，学習はしたが実際の職場では学習したことが実施されない，などということが発生する。次節に示すマズローの欲求階層を満足させるような施策を，企業組織全体として，教育コース設計時にどのように取り入れるかということも，同時に計画する必要がある。つまり，単なる教育だけを開発するのではなく，学習者の自己実現欲求を満たす方式を考えておくことが必要なのである（2.4学習対象者の欲求を参照）。

　教育機関のニーズも重要である。インストラクタがやりたくもない教育コースを担当させられているという状況では，良い教育は実施できない。また，教育担当者が定年後の嘱託の人のような場合，過去のノウハウの教育は可能だが，最新の技術の教育をどうするかを検討する必要がある。このような意味で，教育機関のニーズも確実につかんでおく必要がある。

　なお，常にこれらの関係者全員を調査するわけではない。調査前に，教育内容や目に見えている最初のニーズなどから，見えているニーズが本当かどうかの真のニーズの調査，また解決のためにだれの意見が必要かなどを検討し，必要な調査対象者を考えるのである。調査費用や調査期間から，調査対象を絞ることも重要である。

　高等教育機関は激動の時代に入っている。少子化により，受講生そのものが減少してきている。また，公立大学の独立行政法人化なども実施された。大学は独自のカラーを出し，生き残っていかなければならないのである。
　企業がどのような人材を求めているか，学習者がどのような仕事を求めどのような学習をしたいと考えているか，生涯学習など社会人の学習ニーズは何か，などの大学外からの視点のニーズ調査が必要である。

表 2.3 高等教育関係者

NO	分類	対象者	教育上の役割
1	教育機関	大学経営者（学長など）	大学の経営という観点で，教育戦略を決定し，社会の求める人材の育成・供給を行う。
2		教官	具体的な教育内容，方法，評価方法などの決定と教育の提供。
3		教官支援者	LMSなどの提供，学習者支援，教官のコンテンツ制作などの支援。現在の日本の大学では，このような支援者はほとんどいないが，ICTの利用がさかんな海外では，このような支援者を多く提供している。
4	公的機関	文部科学省	教育の法制の維持，改善，日本の教育戦略や教育計画の立案。各国との教育についての協議，協力の実施。
5		学会	多くの学会で，研究だけでなく対象分野の教育そのものに，ますます目が向いていく。
6	受講者	受講者の親	親として，または，教育費の支払い元として，受講者の教育結果について，高等教育機関に対する要望が増加してくるのではないか。
7		受講者	受講者自身が何を学習したいのか，どんな仕事をしたいのかを明確にして受講する傾向が強くなってきている（2003年には，日本の有名大学に合格したが学習したい内容がないので，アメリカの大学に入学したという記事が流れて大きな話題となった）。 もちろん，何を学習したらよいかわからないとか，遊んでいたいから大学に入るという人がいなくなるわけではない。受講者の現在の知識，スキルや学習意欲，学習態度など，有効なモチベーション向上策をしっかりと把握する必要がある。
8	社会	企業	職場への定着が少なくなり，転職が普通になってくると，企業内教育で育てていくという方式は取りにくくなる。高等教育機関への要望は，基本がしっかりできていて，企業独自のやり方や文化さえ教えれば即戦力になるような，人員の提供を求めてくる。企業が本当に求めている知識，技術，態度を明確にする必要がある。
9		生涯教育対象者	一つ上のポジションを得るため，よりよい企業に転職するために大学で教育を受けるということは，米国では以前から実施されてきた。日本でも，終身雇用という言葉が死語となりつつある現在，大学はこのような生涯教育を行う必要がある。 また，企業人でなくても，家庭にいて自分の知識や技術や趣味の力を高めたい，ボランティアのための技術を取得したい，などの要望に応える支援も高等教育機関に求められている。 「世界に通用するプロフェッショナルの育成」，「社会・雇用の変化に対応できる人材の育成」，「都市・地域と一体になった大学への転換」により，「人材大国」を実現するという文部科学省の方針（「大学（国立大学）の構造改革の方針」http://www.op.cao.go.jp/kisei/giji/004/4.pdf 参照）を実現することは，日本にとって非常に重要な課題だと考える。
10		その他関係者	

もちろん，大学としてのニーズ，教官のニーズなども調査が必要である。eラーニングコンテンツの開発は，生涯教育対応などを考えると避けて通れないが，そのためには教官だけでは無理があり，教官支援者が必要である。そのような人のニーズも考えておかなければならない。

また，文部科学省などの公的機関の方針を取り入れることも必要であり（取り入れるだけでなく，提案していくことがより重要であろうが，本著の論点ではないのでここでは省く），常にその動向や，発表を注視していなければならない。

なお，これらすべての関係者を常に調査するわけではないことは，前述したとおりである。現実には，調査コスト，調査の困難さなども考慮して，ほんの一部分しか調査していないのが現状である。

2.4　学習対象者の欲求

学習を設計するにあたり，さまざまな関係者はいるが，中心はやはり学習者そのものである。

学習者とは人である。人の欲求についてはいろいろな理論があるが，マズローの欲求階層理論を見てみよう。

人間には欲求があり，欲求が満たされない場合，それが心の緊張を励起し，その緊張によって行動が起こる。図2.3の一番下の階層である生理的欲求は，衣食住，休息，運動などの生理的要求に関わるものである。これが満たされると，次の安全・安定欲求が発生する。安全を求め，安定性を求めるのである。これが満たされると，次の所属・愛情欲求が発生する。これは，社会的欲求ともいわれ，愛情・友

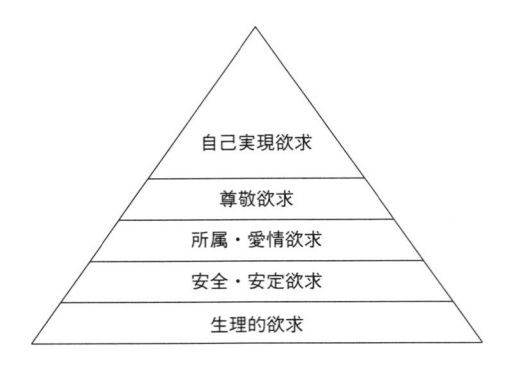

図2.3　マズローの欲求階層

情や集団への帰属の欲求である。これが満たされると，次は尊敬欲求である。他人から尊敬され，責任ある地位を得て，自立的に行動できることを求めるのである。これが満たされると，最後の欲求である自己実現の欲求となる。これは，自分の潜在能力を含む能力を使い，自分のビジョンなどの実現や自分自身の成長を求める欲求である。ほかの欲求は，その欲求が満たされると消えてしまうが，この自己実現欲求は満たされてもさらにその欲求が継続すると言われている。

このマズローの欲求階層を企業で考えてみると，例えば生理的要求としては，給料がもらえることであろう。企業人は給料なしには生きていけない。雇用の安定などが安全欲求になると考えられる。所属意識が所属・愛情欲求に対応する。その組織のなかで，自分の仕事が認められ，昇任するなどが尊敬欲求に対応する。そして，自分で計画し実施する仕事が会社や社会の発展などに貢献している，それにより自己が成長していることを実感できたとき，自己実現欲求が満たされ，さらに次の自己実現へと向かっていくのである。

ある業務がうまくいっていない場合，それが環境やツールなどの問題でなく，従業員の問題であるとき，単に技術や知識がないという理由のほかに，マズローの欲求のどれかが満たされていないことが原因として考えられる。例えば，自分が組織から疎外されているとか，自分の仕事が正当に評価されていない，言われたままを実施するだけで自分の意見を生かす場所がない，などが問題となっている場合もある。

学習経験そのものをとってみても，自分が本当に目的としていた技術などを習得でき，成長したことが実感できれば，学習経験自体が自己実現の満足となっていく。しかし，知識は教わったが，現実にはどうすればよいかわからないというような状態に導いてしまう教育では，不満ばかり残り業務はうまく実施できないであろう。方法論や戦略論のみで具体的な手順や実施方法がない教育を受け，すぐにすべてを忘れてしまったというセミナーを受講した記憶がある人は多いのではないだろうか。

ニーズ調査では，単なるスキルや知識の不足のみを調べるのではなく，組織文化，環境，インセンティブ，評価方法など，マズローの欲求階層に関係する項目も調査しなければならない。これらの調査には，外部の調査機関，教育ベンダー，教育コンサルタントを利用すると客観的なデータを収集することができる。

しかし，調査費用や調査期間，調査人員の関係でこれらを実施しない場合は多い。現実の教育ベンダーが受託して開発するコースでは，ここまで実施できていない場合がほとんどである。効果のない教育をなくすためには，このような調査にもコストと時間をかけるように，文化，慣習を変えていかなければならない。

2.5 ニーズ調査事例

2.5.1 企業内教育インストラクショナルデザイナ育成ニーズ調査

インストラクショナルデザインに対する教育ニーズ調査の例を以下に示す。

最初に，調査目的を表2.4のように決定した。インストラクショナルデザイン各活動は目的を明確にすることから始まる。

表2.4 企業内教育インストラクショナルデザイン調査の目的

多様化する生活環境の中で，学習意欲を持つすべての人に，個人ならびにグループのニーズにあわせて学習できる機会を提供するための，安価で効率の良い学習環境の構築を念頭におき，国内およびアジアにおいて，より品質の高いeラーニングコースを学習者に提供していくための組織的な教育設計手法の一つであるインストラクショナルデザイン（以下，IDともいう）の普及と，これを実施する人材であるインストラクショナルデザイナ（以下，IDerともいう）の育成が，どのように必要とされているかを明確にすることを目的とする。

「より品質の高いeラーニングコースを学習者に提供していくため」に「インストラクショナルデザイン（以下，IDともいう）の普及を図るとともに，これを実施する人材であるインストラクショナルデザイナ（以下，IDerともいう）の育成」が必要だ，という初期ニーズ提起があった例である。

この初期ニーズ提起を受けて，具体的に，現状がどうなっているのか，インストラクショナルデザイナ教育が望まれているのか，望まれているインストラクショナルデザイン業務とはどのようなものなのか，これらを調査するのである。

ニーズ調査の方法としては，実現可能で情報が豊富に採取できることを考慮し，以下の方法を採用する。

(1) アンケート調査

表2.5にアンケートを示す。なお，紙面の関係で空白を削除しているので，記入欄の広さなどは実際に配布するものとは異なる。

＜対象者＞
- 教育ベンダー
- 人事部などの教育担当者（教育ベンダーの顧客という意味でユーザと記述）

＜内容＞
- インストラクショナルデザインをどのようにとらえているか，必要としているか

- 受講者は現在のコースに満足しているか
- 管理者は現在の教育をどのように見ているか
- 開発者，評価者は現在の教育開発などをどのように見ているか
- インストラクショナルデザイナは，現在の自分の仕事をどのようにとらえているのか

(2) インタビュー調査

表2.7にインタビュー調査表を示す。

＜調査対象＞
- 教育ベンダー
- ユーザ

＜内容＞

基本的に，内容はアンケートと同じであるが，アンケートの回答の裏にある具体的な事例や本音，アンケート情報の詳細情報を取るために実施する。そのため，インタビューの開始時に，口頭でアンケート項目の回答を聞く。その後，詳細を聞くため，インタビュー調査表に従い質問する。

(3) 既存資料等調査

＜対象＞
- 『インストラクショナルデザイン入門』[1] リー他著（東京電機大学出版局）
- 『eラーニング白書2003/2004年版』ALIC編著（オーム社）
- 他の日本国内関連書籍，論文など
- 米国などの資料
- 関連ホームページ

＜内容＞

インストラクショナルデザインの具体的なプロセス，理論などを調査する。また，インストラクショナルデザイン教育の実際事例などを，海外を含むホームページなどで調査する。

なお調査にあたっては，個人情報の保護，収集した情報の適正利用を行うとともに，それを対象者や対象者の上長などに明確に示すことも必要である。

表2.5 IDアンケート事例

IDアンケートご協力お願いの件

＜アンケートの目的をこの位置に書く＞

　つきましては，以下のアンケートへのご協力をお願い致します。
　なお，各設問へのご回答の内容に関しては統計的に処理するものであり，貴社の個別または個人の情報が公開，あるいは利用されることはございません。

　回答は満足度（5：完全に満足　1：完全に不満足），良悪度（5：良い　1：悪），YES／NO，自由記述でお願い致します。

ID調査アンケート
＜基本項目＞
回答者氏名 _____　所属 _____

あなたの立場にチェックを入れてください。該当項目にすべてチェックを入れてください。
　☐ 教育管理者
　☐ 教育コース企画者
　☐ 教育コース開発者
　☐ インストラクタ，メンターなどの教育実施者
　☐ 教育コースの評価者
　☐ 教育計画策定者
　☐ 新教育方法などの開発，研究者
　☐ eラーニング推進者
　☐ コンテンツ制作者
　☐ 教科書などの制作者
　☐ インストラクショナルデザイナ
　☐ 上記のいずれでもない。あなたの立場：_____

＜すべての人にお尋ね致します＞
 1. インストラクショナルデザインについて
　(1) あなたの組織では，インストラクショナルデザインの定義がありますか。
　　　☐ YES　　☐ NO
　　　YESのときは定義を教えてください。
　　　_____

　(2) あなたの組織では，インストラクショナルデザインのスキル項目が決定されていますか。
　　　☐ YES　　☐ NO

YESのときは，各ステップのスキル項目数を教えてください。

ニーズ調査	項目
初期分析	項目
設計	項目
開発	項目
実施・実装	項目
評価	項目

(3) インストラクショナルデザインの教育を実施していますか。
　　☐ YES　　☐ NO
　　YESのときは，その学習日数を教えてください。　　　　　　日／コース
　　　　また該当する項目にチェックを付けてください。
　　　　　その教育は　　　☐　組織内の人員教育用
　　　　　その教育は　　　☐　ベンダサービス用
　　NOのときは，実施していない理由を教えてください。
　　_____

(4) 今後インストラクショナルデザイナの資格試験を実施すべきと思いますか。
　　☐ YES　　☐ NO

＜教育の受講者の方にお尋ね致します＞

2. 組織内で実施されている教育について
　(1) 現在組織内で実施されている教育に満足していますか。
　　　☐5　☐4　☐3　☐2　☐1
　(2) 現在組織内で実施されている教育内容は自分のニーズに合致していますか。
　　　☐5　☐4　☐3　☐2　☐1
　(3) 現在組織内で実施されている教育回数に満足していますか。
　　　☐5　☐4　☐3　☐2　☐1
　(4) 現在組織内で実施されている教育時間，期間に満足していますか。
　　　☐5　☐4　☐3　☐2　☐1
　(5) 現在組織内で実施されている教育場所に満足していますか。
　　　☐5　☐4　☐3　☐2　☐1
　(6) 自分の学習したい教育が組織内にありますか。
　　　☐5　☐4　☐3　☐2　☐1
　(7) 自分の学習したい教育を自分の受けたいときに受けられますか。
　　　☐5　☐4　☐3　☐2　☐1
　(8) 自分の学習したい場所で教育を受けられますか。
　　　☐5　☐4　☐3　☐2　☐1
　(9) 現在組織内で実施している教育で良い点を下記に自由記述してください。
　　_____
　(10) 現在組織内で実施している教育で悪い点，改善して欲しい点を自由記述してください。
　　_____

<教育管理者の方にお尋ね致します>

3. 現在実施している教育開発方法に満足していますか。
　□5　□4　□3　□2　□1
4. 教育開発方法の次のステップのうち，現在強化したい項目を最大2個まで選択してください。
　□ニーズ調査　□初期分析　□設計　□開発　□実施・実装　□評価
5. 現在の教育開発方法の問題点，改善点を下記に記述してください。
　_____

<教育コース開発，実施，評価をする方にお尋ね致します>

6. 教育コース開発時に推定するのではなく，インタビューや観察などの方法で実際にニーズ調査をしていますか。
　□YES　□NO
7. 受講者や技術や最良のメディア選択のための分析を具体的にしていますか。
　□YES　□NO
8. 教育目標一覧を作成していますか。
　□YES　□NO
9. 教育目標の評価方法（チェック方法，テスト問題）を開発初期に作成していますか。
　□YES　□NO
10. ニーズ分析など上記分析データをまとめた教育開発企画書に該当するものを作成していますか。
　□YES　□NO
11. 開発時はプロジェクトマネージャーが開発管理をしていますか。
　□YES　□NO
12. 開発時のスタッフは何名ですか。　_____名
13. 開発体制に必要な改善点があれば記述してください。
　_____
14. インストラクタやメンターなどのための教育方法指導書（教授方略書，インストラクタガイド，教育ヘルプデスクマニュアルなど）はありますか。
　□YES　□NO
15. 実際の教育実施前に作成した教材や実施方法指導書などが問題ないかどうかを，実験コースなどの実施により確認していますか。
　□YES　□NO
16. プリテストは実施していますか。
　□YES　□NO
17. ポストテストは実施していますか。
　□YES　□NO
18. 学習終了後のアンケートは実施していますか。
　□YES　□NO
19. 職場で学習したことが活用されているか調査していますか。
　□YES　□NO
20. 教育の結果，職場で実際に業績の向上など業務上の効果が出ているか調査していますか。
　□YES　□NO

21. 教育評価結果を教材や教育の実施方法にフィードバックしていますか。
    ☐ YES　　☐ NO
22. 教育コース企画，開発，実施，評価上で現在改善が必要と考えている項目を記述してください。
    _____
23. あなたの組織では，現行の教育の何％がeラーニング化されていますか。
    _____％（総学習時間に対するeラーニング使用学習時間の割合）
24. あなたの組織では，現行の教育の何％をeラーニングにするべきと思いますか。
    _____％
25. あなたの組織でeラーニング化を妨げている項目を記述してください。
    _____
26. あなたの組織で，マルチメディアコンテンツを開発するうえで改善しなければならないと思っている項目を記述してください。
    _____

<インストラクショナルデザイナ，教育企画者の方にお尋ね致します>

27. ご自分のID技術に満足していますか。
    ☐ 5　　☐ 4　　☐ 3　　☐ 2　　☐ 1
28. IDの技術は今後普及させていく必要があると考えますか。
    ☐ YES　　☐ NO
29. ID導入のゴールを記述してください。
    _____
30. IDの欠点と思える項目を記述してください。
    _____
31. IDの欠点を克服する方法を記述してください。
    _____

<全員の方にお尋ね致します>

32. その他，ご意見を記述してください。
    _____

以上　アンケートにご協力ありがとうございました。

<本件に関する問合せ先>

アンケートの集計は表2.6のようなエクセル表を作成し，すべての回答を入力してソート機能により集計し，グラフ機能でグラフ化した。

最初に分析方法を明確に決め，それにあわせてプログラム化しておけば，自動で出力可能であるが，回答結果にあわせて集計方法を変えたり，出力グラフを変えたりするうえでは，このような方法がやりやすかった。ただし，データ数が数百になる場合は自動化は避けられないと考える。

表2.6　アンケート集計表

NO	実施日	組織	氏名	基本項目													質問番号	サブ番号	回答	質問
				教育管理者	コース企画者	コース開発者	インストラクタ	評価者	教育計画策定	新教育方法研究	eラーニング推進者	コンテンツ制作者	教科書製作者	IDer	ベンダー/ユーザ	ほか				
																	1	1		
	途中省略																			
																	32			

質問の欄には，集計時の参考にアンケートの質問をそのまま入れた。質問欄と解答欄は実際のファイル上では，文章が入るので広くしている。なお，氏名などについては，公表時資料からは削除し，回答者の秘密は保護すること。

表2.7はインタビュー調査表である。

インタビューは1時間/人の時間がかかり，インタビューを受ける人の仕事がそれだけできなくなるため，上長の許可が必須である。

複数の調査者がいる場合は，該当項目（この場合はインストラクショナルデザイン）に対する考えをそろえ，質問戦略を統一し，各質問項目に対する詳細質問方法をそろえておく必要がある。調査者の違いによる，回答の相違の分析なども必要となることがある。

調査表はインタビュアーがメモを書くためのものである。項目を決めておけば，書式は使いやすいものにすればよい。また，ヒアリングの必須項目だけを決めておく場合と，本例のように，関連するいろいろな項目を列挙しておき，聞ける内容だけ聞くことにする場合がある。なお，関連項目を列挙した場合は，必須項目は明確にしておく必要がある。なお，インタビューを実施していくうちに，新しい事実な

どが発見され，必須項目を変更する必要がでる場合もある。
　表2.7には，金額や組織構成など企業機密に触れる部分もあり，回答者には機密項目については回答しないようにお願いしておく必要がある。

　インタビュー実施時は，主となる調査者のほか，記録者を別途準備することが望ましい。それにより調査者は，質問に専念できる。しかし，現実には資金や日程などの関係で，一人でインタビューと記録をする場合も多い。そのような場合は，回答者の顔を見ながらメモを書くなどの技能が必要な場合もある。
　また，インタビュー対象者の許可を得て，録音しておくことも有効である。音声自動認識プログラムを利用すると回答を簡単にデジタル化することも可能である（ただし，筆者の持っているパソコン購入時に添付されていたプログラムでは，30％以上が間違えた認識になってしまう。入力の軽減にはなるが，必要ない会話が多く入ってしまい，それを削除するのにも時間が必要である。結局，筆者は現在，録音をメモの確認にのみ使用している）。

表2.7　インタビュー調査表

調査者情報	
氏名	
所属	
教育関連の経験	
ID関連の経験，知識	
その他	
調査基本情報	
実施日時	
実施場所	
調査対象者氏名	
会社名，所属	
担当業務	
教育関係経験期間	インストラクタ，教員： 教育コース開発： 教育計画立案： 組織教育長期計画立案： 教務関係経験： 教育設備，機材計画立案経験： 教育関連人員育成経験：

eラーニング経験期間	
マルチメディアコンテンツ開発経験	
各種教材開発経験（教科書，ビデオ，オーディオ，その他）	
特記事項	

1. 現行教育の効果，満足度（組織内，企業内教育の場合）

組織内現行教育実態	
教育の目的	教育のゴールが明確に設定されているかどうかを判断できる具体的な情報：
教育実施体制	組織的・システム的な実施体制かどうかを判断できる具体的な情報：
現行教育の種類	コース種類：　　　　　種/年
現行教育の数（コース数，受講者数）	コース数：　　　　　コース/年 受講者数：　　　　　人日/年
教育実施手順	
現行コースの評価方法（ニーズ，目標，評価項目）	各コースのニーズの調査方法と目標の決定方法は組織的・システム的かを判断できる具体的情報： 評価方法は組織的・システム的かを判断できる具体的情報：
現行教育の具体的成果	定性的成果： 定量的成果： この成果で満足か，改善が必要か：
現行教育費用，工数	教育費用：労働時間に占める学習時間の割合　　　　% 　　　　　（または，売上に占める学習時間の割合　　　　%） 　　　　　教育費用中の開発費用（教育企画から設計，開発の費用，外注も行う場合は，内作，外注の割合も含む）の割合　　　　% 　　　　　　内作：　　　　% 　　　　　　外注：　　　　% 　　　　　eラーニング関連費用の割合　　　　% 　　　　　マルチメディアコンテンツ開発の割合（eラーニングでも紙の資料や実習環境開発などがある。その中のコンテンツの割合）　　　　% ・教育組織人員　　　　人
未修了者，不合格者数とその対策，対応	未修了者数　　　人/年　　　%：　　　人/コース　　　% 　未修了者対策： 不合格者数　　　人/年　　　%：　　　人/コース　　　% 　不合格者対策：
他社の教育や学校の教育に比べ現行教育の優れている部分（例：eラーニングによる教育の効率化，高効果化など）	

現行教育で改善すべきと思われる項目，問題点	
eラーニングとコンテンツの活用状況と特有問題点（活用割合，内容，コンテンツ数）	eラーニング化率　　　　　％（総学習時間中のeラーニング学習時間割合） コンテンツ数 　自社開発　　　　　本 　既製品使用　　　　本 コンテンツの対象分野・内容： 　自社開発： 　既製品： eラーニングの問題点：

2. 現行教育の効果，満足度（外部への教育提供の場合）

	教育提供サービス実態
教育サービス提供の理念	
教育サービス実施体制	組織的・システム的な実施体制かどうかを判断できる具体的な情報：
現行教育サービスの種類	
現行教育サービス量（コース数，受講者数）	コース数：　　　　　コース/年 受講者数：　　　　　人日/年（年間コース数×のべ受講者数で計算する）
教育サービス実施手順	
現行教育サービスの評価方法（ニーズ，目標，評価項目）	各コースのニーズの調査方法と目標の決定方法は組織的・システム的かを判断できる具体的情報： 評価方法は組織的・システム的かを判断できる具体的情報：
現行教育サービス提供の成果	この成果で満足か，改善が必要か：
現行教育費用，工数	教育費用：労働時間に占める学習時間の割合　　　　　％ 　　　　　（または，売上に占める学習時間の割合　　　　　％） 　　　　　　教育費用中の開発費用の割合　　　　　％ 　　　　　　eラーニング関連費用の割合　　　　　％ 　　　　　　マルチメディアコンテンツ開発の割合　　　　　％ ・教育組織人員　　　　　人
未修了者，不合格者数とその対策，対応	未修了者数　　　　　人/年　　　　　％：　　　　　人/コース　　　　　％ 　未修了者対策： 不合格者数　　　　　人/年　　　　　％：　　　　　人/コース　　　　　％ 　不合格者対策：

現行教育サービス提供の優れている部分	
現行教育サービス提供で改善すべきと思われる項目,問題点	
eラーニングとコンテンツの活用状況と特有問題点（活用割合,内容,コンテンツ数）	eラーニング化率　　　　％（総学習時間に占めるeラーニング学習時間の割合） コンテンツ数 　汎用品：　　　　　　本 　特定顧客用：　　　　本 コンテンツの対象分野・内容： 　汎用品： 　特定顧客用： eラーニングの問題点：

3. 現行教育開発方法

現行の教育開発方法	
開発体制	
開発手順書はあるか	ある　　ない ある場合その内容：
現行教育開発費用,工数	工数　　　　　　　人日/年　　　　　人日/コース 　eラーニング分　　　人日/年　　　　　人日/コース
現行教育開発方法で優れている点	
開発事例の記録があるか	ある　　ない ある場合：公開可能　　公開不可能
成功例,失敗例があるか	ある　　ない ある場合：公開可能　　公開不可能 　　　　　成功事例と判断した理由： 　　　　　失敗事例と判断した理由：
現行教育開発方法で改善すべき点,問題点	
eラーニング導入,コンテンツの開発の特有問題点	

4. 理想の教育

理想の教育,今後目指す教育	
どのような教育が理想か	今後の方針,ビジョンを教えていただきたい
なぜ,その教育が理想と思うか	

実現方法	
実現への課題	

5. 理想の教育開発方法

理想の教育開発方法，今後の目指す方向	
どのような教育開発方法が理想か	今後の方針，ビジョンを教えていただきたい
なぜ，その教育開発方法が理想か	
実現方法	
実現への課題	

6. 理想の評価方法

理想の教育と教育開発手順の生み出す成果とその評価方法	
評価基準はあるか	
評価基準の決定方法	
成果の判定方法	

7. インストラクショナルデザイナ：IDer

IDerの現状	
IDの手順に従った教育開発企画を行っているか	はい いいえ　　　従っている部分： 　　　　　　　従っていない部分：
開発手順はIDに従っているか	はい いいえ　　　従っている部分： 　　　　　　　従っていない部分：
実施手順はIDに従っているか	はい いいえ　　　従っている部分： 　　　　　　　従っていない部分：
評価手順はIDに従っているか	はい いいえ　　　従っている部分： 　　　　　　　従っていない部分：
IDerはいるか	いない いる　　　合計　　　人
IDerのレベルと実施範囲	レベル_____　　　　　　　人 　　レベル定義： レベル_____　　　　　　　人 　　レベル定義： レベル_____　　　　　　　人 　　レベル定義：

IDerとプロジェクトを組むスタッフ構成はどうなっているか。関連組織含む	スタッフ	人数	実施内容

現状のIDer状況の問題点	
IDerの費用，工数	工数：　　　　人日/年　　　　人日/コース
IDerの養成，レベルアップはどうしているか	
今後のIDer養成計画はどうなっているか	
実施関連要員（インストラクタ，メンター，コーチャー，TA，ほか）養成計画はどうなっているか	
開発関連要員（PM，シナリオライター，アートディレクター，ビデオディレクター，オーディオディレクター，CGデザイナ，プログラマー，オーサー，ナレーター，ほか）養成計画はどうなっているか	

8. ID導入ゴール

ID導入のゴール	
IDに求めるゴール	

9. IDの欠点

IDの欠点	
IDの欠点	
欠点への対応方法	

　　　　　集計には，アンケートと同様にエクセル表を利用する。なお，いろいろな意見を分類して，題名をつけるようなまとめ機能のあるツールであれば，集計が楽になる。

2.5.2 大型情報システム保守要員教育

　　　　　情報システムが開発されるとき，その保守要員の教育が必要である。以下は，システムが納入される企業（数社）が決定されている例である。

(1) システム開発段階での保守という面からのシステムのニーズ調査

図2.4にシステムからみた保守員教育ニーズの調査手順を示す。

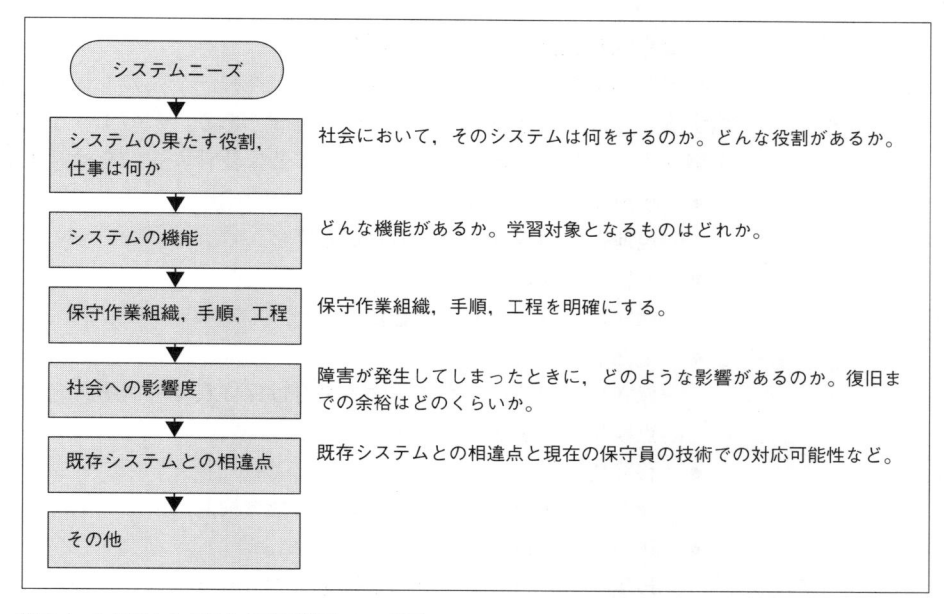

```
          ┌─────────────┐
          │ システムニーズ │
          └──────┬──────┘
                 ▼
      ┌──────────────────┐
      │ システムの果たす役割，│  社会において，そのシステムは何をするのか。どんな役割があるか。
      │ 仕事は何か        │
      └──────┬───────────┘
             ▼
      ┌──────────────────┐
      │ システムの機能    │  どんな機能があるか。学習対象となるものはどれか。
      └──────┬───────────┘
             ▼
      ┌──────────────────┐
      │ 保守作業組織，手順，工程 │  保守作業組織，手順，工程を明確にする。
      └──────┬───────────┘
             ▼
      ┌──────────────────┐
      │ 社会への影響度    │  障害が発生してしまったときに，どのような影響があるのか。復旧までの余裕はどのくらいか。
      └──────┬───────────┘
             ▼
      ┌──────────────────┐
      │ 既存システムとの相違点 │  既存システムとの相違点と現在の保守員の技術での対応可能性など。
      └──────┬───────────┘
             ▼
      ┌──────────────────┐
      │ その他            │
      └──────────────────┘
```

図2.4 システムからみた保守員教育ニーズ調査

まずは，システムが果たす役割を明確にする。保守員教育とは，保守員がシステムがその役割を常に果たせるように教育することである。社会的な役割を明示することで，保守員教育の重要性を明確にし，保守員のモラル，やる気などの向上の情報としても利用できるようにする。

次に，システムがどんな機能を持っているか明確にする。システムの本来の機能のほか，保守用のテスト機能や障害検出機能，バックアップ機能などを明確にし，何を教育するかを示す。

次に，保守作業の組織，作業手順を明確にする。

そして，障害発生時の影響度を明確にする。原子力関係のような，障害発生時に社会的に破滅的な影響があるような場合は，システムがそのようなことが起こらないように作られてはいるが，絶対に間違いなくシステムの機能を保証する保守作業ができるような，充分な教育が必要である。また，システムには，1日ぐらいはダウンしてもよいものもあるが，ダウンしてはいけないものもある。保守員教育レベル，保守員数の決定などにも影響するので，明確にしておく。

既存システムで似ているシステムがある場合や，旧バージョンのシステムがある場合は，その相違点を明確にする。旧バージョン機種の保守経験者が，今回のシス

テムの保守も担当できるかどうか。担当できる場合，追加して教育しなければならない項目は何かを明確にする。

(2) 必要人員種類と教育コース種類

必要な作業を実施人員種別に分類する。通常，一人の人員がすべてのタスクを実施することは，大きなシステムでは不可能である。どのような種別の人員が必要かを調査する。分析段階では，その種別ごとに教育コースを検討する必要がある。

- 現地据付，調整者
  現地据付調整コースの検討が必要
- 障害対策要員
  保守員コースの検討が必要
- 定期点検要員
  保守員が定期点検も実施する場合は保守員コースを，定期点検のみであれば点検コースを検討
- 移設要員
  通常は，現地据付調整コースでの教育検討
- 後方支援要員
  現場での障害対策などの支援を後方で行う要員の場合は，より高度な教育が必要。教育コースで実施可能か，ほかの教育方法にするか検討が必要。保守用の部品整備，ロジスティク，情報システムの稼動管理などについても，どのような後方支援要員を要するか検討が必要である。また，その教育のニーズがあるかどうかも調査が必要である

企業戦略として，どの部分を中心にすえるのか，業務遂行方針としてどのように仕事を進めるかが明確でないと，これらの人員種類も決定できない。ニーズ調査では，企業戦略を知り，教育戦略を立てるための必要な情報を収集する必要がある。

(3) 各期，または，各月ごとの教育必要人員ニーズの調査

必要な人員種別が決定したら，次はその種別ごとの必要人数の調査を実施する。このためには，次のような情報を集めることが必要となる。

- 納入台数（地域別，月別など）
- 現地調整作業の作業工数（移設が考えられる場合は移設工数含む）
- 機器の設計上の障害率と対策必要時間（障害対策に必要な障害対策工数，必要人員を計算する）———— 実際の障害率が出ている場合はそれを利用する
- 障害対策契約，アフターサービス契約（障害発生から何分，何時間以内の対策が必要かなど）———— 保守員の配置場所，必要人員の冗長度の決定に必要

- 機器のライフサイクル（何年間使用するか，初期障害，磨耗障害などの発生率を含む）―――この情報から，保守員人数とその維持必要期間，時期による必要種類と人数などを決定する
- 既存の情報システムの保守状況と問題点
- 既存の情報システムの保守員の構成と，今回対象の必要人員の地域を含む構成の違い（既存システムの保守員が今回のシステムの保守にどの程度関わるか。関われる場合は，教育しなければならない項目は何かなどを含む）

このような情報から，必要な教育コースをいつからいつまで，何回実施すればよいかなどを計画し，必要人員を必要なときに供給できるようにするのである。

（4）その後の教育推進

前述のようなニーズ調査の後，次のような項目を進めていく。なお，実施順番は，この順番でするとは限らず，状況にあわせ，並行して実施したり，順番を入れ替えて実施する。

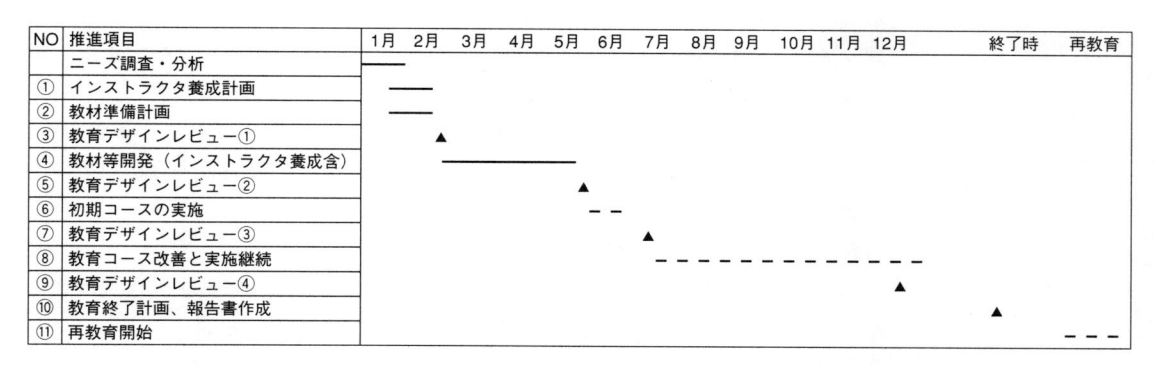

NO	推進項目	1月	2月	3月	4月	5月	6月	7月	8月	9月	10月	11月	12月	終了時	再教育
	ニーズ調査・分析	―													
①	インストラクタ養成計画	―	―												
②	教材準備計画	―	―												
③	教育デザインレビュー①			▲											
④	教材等開発（インストラクタ養成含）			―	―	―	―								
⑤	教育デザインレビュー②						▲								
⑥	初期コースの実施						―	―							
⑦	教育デザインレビュー③							▲							
⑧	教育コース改善と実施継続							―	―	―	―	―	―		
⑨	教育デザインレビュー④										▲				
⑩	教育終了計画，報告書作成												▲		
⑪	再教育開始														― ― ―

図2.5　ニーズ調査分析後の日程例

①インストラクタなどの養成計画

　教育に必要な教育組織人員として，インストラクタ，チュータ，教育コース開発人員の人数と養成計画を立て養成していく。

　専任インストラクタ，または，新しくインストラクタを割り当て，各人のインストラクション技術などを調査し，必要事項を教育する。内容としては，インストラクショナルデザインの基礎，学習理論，授業実施手法，教材作成方法，評価方法，教育実施事務概要（注意事項とその与え方，出欠の管理，成績の管理，報告書の作成方法，そのほか），生徒とのコミュニケーション技術などを学習させる。eラーニングに必要なLMSの操作や，同期型学習支援システムの使用訓練などもこのなかに含む。

②教材準備計画

　ニーズの分析を行い，必要な教材や教室，実習機などを含む資材の準備計画を行う。

　学習目標一覧や各学習目標の習得結果の評価方法もこの時点で決定する。

　必要な経費などについても計算する。

③教育デザインレビュー（1）

　教材準備計画を基に関連する教育組織人員（インストラクタ候補など）を含めた，関連部署との協議を行う。関連部署には，保守実施支社，後方支援部署，保守業務設計部署，開発工場設計/検査，そして，教育計画立案者などである。

　学習目標に過不足がないか，出荷計画などと整合性があるか，費用に問題がないか，計画に無理がないかなどを，関連部署ごとの立場でチェックする。

④教材などの開発（インストラクタ養成も含む）

　詳細なニーズ分析に基づき，教育項目や教育メディアなどの決定などを行い，それに基づき教材の開発を行う。学習コンテンツのほか，インストラクタガイド，チュータガイド，コース案内（コースの内容，目的などを受講者に知らせる），スキル/コンピテンシー一覧，スキルチェック項目管理システム，学習管理システム，LCMSやナレッジマネージメントシステムなども含む。また，実習のための機器や工具などの準備も行う。

　インストラクタ養成が必要な場合は，この時点でインストラクタを養成する。インストラクタを含めたプロジェクトチームで教材などを開発すると，その後の教育実施がスムーズに進められることが多い。

⑤教育デザインレビュー（2）

　作成した教材や学習方法などが，適切であるかどうか，修正すべき点はどこかを検討する。参加者は最初のデザインレビューと同じである。

⑥初期コースの実施

　1，2回のコースを実施する。この初期コースでは，前バージョンのシステム担当者などの経験者を主に集めて，保守の中核になる人員を育てる。それとともに，現場の実際の業務実施者の立場からのコースに対する改善意見などを吸い上げる。

⑦教育デザインレビュー（3）

　初期コースのアンケートやテスト成績，トラブルシュート報告書等のレポートなどを添付した初期教育報告書を作成する。

　その資料を基に，初期教育の見直しを行う。また，実際に初期納入されたシステムの稼動状況，保守状況などの情報に基づき，コースを見直す。

　参加者は最初のレビューと同じでよいが，受講者を入れるとよい結果を得られる。初期コース受講者の中心は現場の中核になる人なので，支社からの代表

は初期コース受講者が出てくることが多い。

⑧教育コース改善と継続実施

　教育デザインレビューの結果に従い教育を改善し，教育実施計画に従いコースを継続実施する。

⑨教育デザインレビュー（4）

　教育開始後，半年，または1年後に教育の見直しを行う。納入されたシステムの初期不良などが少なくなり，求められる保守技術の変更などがないか，稼動状況や障害統計などから，教育コースの見直しと改善を行う。学習済みの人員に対する追加教育が必要かどうかなども検討する。

⑩教育終了計画の立案と教育実施報告

　納入の終了や，予定人員の育成終了に伴い，教育コースを終了する。教育終了後の人員移動などに，どのように対応するかを決定する。必要に応じて，教材をすべてeラーニング上にのせる。また，いままでのQ&A情報を再整理し，eラーニングにのせる。長期稼動システムの場合は，途中でのリフレッシュ教育による技術の再活性化の図り方などを決定する。教材をEPSS（業務支援型学習システム）化することも検討する。また，教育で使用していた教育機材をどのように処分するかも計画する。

　この時点で教育コースを終了とし，関連する教育組織人員（インストラクタなど）は，本教育から離れることになる。

　なお，本教育の成果と反省などを含む実施結果報告を終了計画のなかで行う。

⑪システムの転売などに伴う再教育開始

　教育を終了して数年経過したあとでも，転売などによるほかの地域での保守開始などが発生し，教育が必要な場合がある。その時点で再度，教育ニーズ調査を含む教育コース開発を実施する。

　ただし，教育終了計画で準備したさまざまな学習方法などを活用することを中心とした教育再開を目指す。

2.5.3　アルバイト教育事例

　アルバイトを使用しているが，入れ替わりが激しいため（年間で50%，1000人が入れ替わり），eラーニング化によりその教育コストを削減したいというニーズ提起がある。

　仕事の内容は，以下のようなものである。

- 顧客へのサービス提供である
- 専門の機器を使用するサービスであり，機器の操作には専門的な教育が必要である
- 機器の操作は複雑ではないが，機器の操作を誤ると，エンドユーザの持つ大

- 切な情報を破損したり，紛失してしまう
- 1つの支店は数名で構成される。店長がその支店の業績に責任を持ち，その下にアルバイトがつく
- アルバイトは最初に集中教育を受ける。既存の教育資料や機器マニュアルなどがある。現在の教育内容は「接客サービス方法」，「機器の操作方法」である
- アルバイトの最初の仕事は接客である（顧客の情報を預かる。処理して作成したものを顧客に渡す。料金を受け取るなど）
- OJTで，確実に機器操作ができるようになると，機器の操作を行う
- 情報機器を活用した新サービスも開始した

(1) 真のニーズは何か

ニーズ調査の基本を思い出してほしい。

最初にニーズが提示されたときに，問うべき質問は以下である。

1「ニーズの源は何か？」 2「ニーズに対応するために何をすべきか？」 3「ニーズに対応するために何を知るべきか？」 4「ニーズに対するソリューションの価値は何か？」 5「ソリューションの結果の評価方法はどうするのか？」

「eラーニング化したい」というニーズの源は何であろうか。

1年間で約半数のアルバイトが辞めてしまい入れ替わるので，教育が必要なのである。辞めてしまう人に教育を（eラーニングにより低価格で教育ができるにしても）することに意義があるだろうか。

この状況で「何をすべきか」を考えなければならない。

(2) モデルの検討

アルバイトが辞めることが根本原因であり，その対策モデルを考える必要がある。そして，辞めていく人には教育をせず，辞めない人だけに教育をするような業務実施モデルを考える必要がある。

図2.6は，業務実施と組み合わせた育成パスモデルである。一般のアルバイトに対しては，入社時に，接客の基本をeラーニングで1時間程度学習させるだけとする。その後，業務のなかでのOJTと機器操作などの上位職種への学習をした者のみが上位の職種に就き，給与などもそれに従い上昇する。その後も勉強により専門職など社員登用の道をつける。

店長の教育はより充実し，店長の技能やモチベーションの向上により，支店の業

績向上，離職率の低下などを図る．

また，支店を一つのプロジェクトとみなして，マズローの最上位階層である自己実現まで図れるようなEQ教育を実施していく．支店の中の信頼関係の構築や組織全体のEQ向上のために，米国で開発されたプロジェクトアドベンチャー教育（日本では，株式会社 プロジェクトアドベンチャージャパンが提供している．http://www. pajapan.com/index.html）などの利用も検討すべきである．

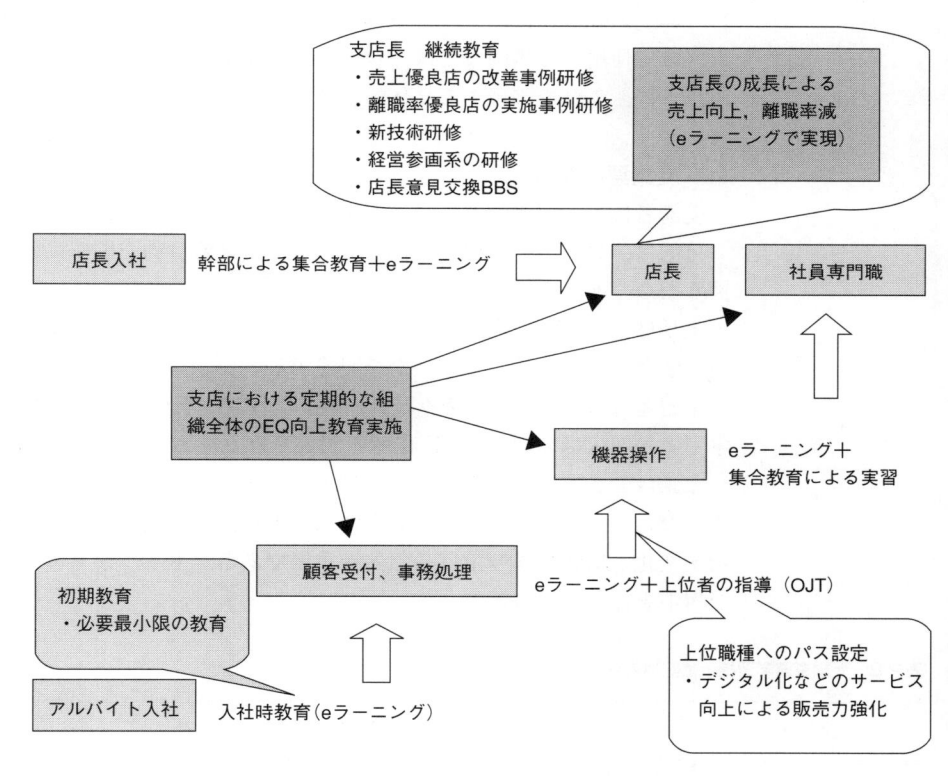

```
支店長　継続教育
・売上優良店の改善事例研修
・離職率優良店の実施事例研修
・新技術研修
・経営参画系の研修
・店長意見交換BBS

支店長の成長による
売上向上，離職率減
（eラーニングで実現）

店長入社　幹部による集合教育＋eラーニング　⇒　店長　　社員専門職

支店における定期的な組織全体のEQ向上教育実施

機器操作　eラーニング＋
　　　　　集合教育による実習

顧客受付、事務処理

初期教育
・必要最小限の教育

アルバイト入社　入社時教育(eラーニング)

eラーニング＋上位者の指導（OJT）

上位職種へのパス設定
・デジタル化などのサービス
　向上による販売力強化
```

図2.6　育成パスモデル

(3) モデル実現に向けたニーズ調査

このようなモデルが正しいかどうか，実現するにはどのような具体的なニーズがあるかを調査する．

ニーズ調査としては，会社幹部の経営戦略との関係，入社希望者を含むアルバイトのこのモデルへの好悪調査，店長の考え，辞めた人に対する調査，エンドユーザに対するサービスアンケートなどを実施し，モデルを修正し，必要な教育内容の分析，設計，開発，実施，評価を業務改革，組織改革の一部として実施していく．

2.5.4 コース実施時のニーズ調査事例

コース開発時だけでなく，毎回のコース実施時にもニーズ調査は必要である。「受講者が何を目的で受講に来たのか」「受講者の上長がどのような目的で受講者を派遣したのか」「受講者が働く職場や市場の要求に変化はないか」，または「変化を起こすような出来事が発生していないか」。このようなコース実施時点でのニーズを的確にとらえ，現状にあわせた教育を実施していく必要がある。このような常時行うニーズ調査に従い，教材や教育内容の変更も行っていく必要がある。特に教育コースで使用する事例などは，常に最新にする必要がある。

以下に，これを実現する具体的事例を示す。

(1) 受講票の発行

受講者に受講票兼学習指示書を発行する。

目的は，コース実施情報を伝えることと，学習目的を明確にして学習意欲向上を図るためである。

上長は，学習した内容をどのユーザのためにいつから活用するのか，そのために何を学習しなければならないかを記述する。

学習者は自分で，習得済み技術，事前学習済み項目と学習目的を記入する。上長，学習者の記入はおのおの2行程度で記入できる量とし，両者の負荷を最小限にする。

上長は受講票兼学習指示書を受講者に渡すときに，一言モチベーションを上げるような言葉をかける。受講票兼学習指示書を確実に記入し，一言声をかけるような企業文化，慣習を作り上げることが重要である。トップからの指示などがこのような習慣を作るには有効である。

表2.8 受講票兼学習指示書記述内容

受講票兼学習指示書
実施基本情報：コース実施期間や場所など
コース情報：コース目的や教育目標一覧，受講前提条件，終了条件（評価方法）コース案内，コースカタログなどで別途出している場合は，この情報は含まない。
上長から受講者への指示 　習得学習内容の活用開始時期：具体的なユーザ名など，何を学習しなければならないかを記入する（教育実施部署への依頼も兼ねる）。
学習者記入欄 　習得済み技術，事前学習済み項目（事前学習を確実に実施させるために書かせる），何を学習したいか目標を書く。

(2) 開講式

開講式では，インストラクタが受講票兼学習指示書を集め，それを見ながら，受講者から学習目標をはっきりと聞き取る。この聞き取りに基づき，必要に応じて，教育内容や使用する事例などの変更を行う。また，受講者の学習目標達成にインストラクタが全面的に協力することを具体的に示し，信頼関係を確立する。

eラーニングの場合でも，コースの初めで，学習者の学習目標を確認し，その学習目標達成に一番効果的で効率的な手段を与えるような教育管理システムの機能と学習コンテンツ内容選択機能があることが望ましい。

現実には，このような機能を機械的に実施することは難しい。そこで，eラーニングのチュータなどによる学習支援により，学習開始時に学習者の学習コンテンツ/項目の決定，目標の確認と重点学習エリアの決定，終了評価方法の確認などを実施することが望ましい。

学習が進展していない学習者への学習催促メールの送信などの支援は，ないよりもましではあるが，あまり効果がない。しかしこのような学習目標を一緒に確認し，学習方法を決定することは，大きな効果がある。英国のeラーニングプロフェッショナル認定教育（CeLP）では，このようなチュータによるサポートにより，高い修了率を誇っている。

(3) 職場訪問

支社や全社統合の業務検討会などに出席し，またはその資料を入手し，教育内容を変更したり，追加したりしなければならないことを示す情報があるか常時調査する。新規教育コースの開発の必要性などがみつかる場合もある。

また，教育内容不足や教育内容の間違いにより，業務に悪影響を与えていることも有り得る。そのような場合は，職場が気がついていなくても，教育組織が主導して，教育済みの学習者へのフォローを行う。

2.6 課題

「図2.1 新任課長研修のeラーニング化にニーズ調査は不要？」に示す事例では，どんなニーズ調査をしたらよいだろうか。具体的なニーズ調査の「目的」「対象」「調査項目」「調査方法」を各自で考えてみよう。そして，実際の会社に当てはめて考えた場合，どのような調査結果がでるか考えてみよう。

3

初期分析

　ニーズ調査が終了すると，次は初期分析である。一般的なインストラクショナルデザインの教科書では，ニーズ調査と初期分析を単に「分析」としている。本書がこれを二つに分けた理由は，調査対象者の業務の邪魔をできるだけ少なくするためである。また，調査しながら分析し，足りないことがあったから再調査するというような仕事の手戻りを避け，調査・分析を短時間に集中して実施することにより，インストラクショナルデザインそのものの実行をより効率的に行うためである。

　実際には，経験の深いインストラクショナルデザイナの場合は，ニーズ調査をしながら，頭の中で分析もできているのである。このため，分析の途中で追加情報を採取するため，対象者に再度インタビューするという手戻りの発生率が少ない。その理由は，ニーズ調査と大まかな分析が同時進行しており，その時点で不足情報を追加調査しているからである。

　なお，インストラクショナルデザインの手順はシーケンシャルに記述されているが，実際には，ニーズ調査に取りかかるのと同時に開発チームをどうするか考えたり，分析中に該当ニーズが満たされたかをどう評価するか検討したり，常に先を考えながら複数の作業が並行して進むのである。経験の深いインストラクショナルデザイナの場合は，いくつもの作業を並行させて短時間でインストラクショナルデザイン業務を実施して，効果的で効率的な教育開発が実施できる。現在は短期間でインストラクショナルデザイン業務を実施することが社会の要求になっており，経験の深いインストラクショナルデザイナが求められている。

　ただし，初心者のインストラクショナルデザイナの場合は，過去の事例を調べたり，先輩のインストラクショナルデザイナに意見を聞いたりしながら，一歩ずつ順

番にインストラクショナルデザイン業務を進めることが成功の秘訣である。そうすることにより，初心者のインストラクショナルデザイナが成功経験の多い，優れたインストラクショナルデザイナになれるのである。

3.1 初期分析の目的

ニーズ調査では，「現状」，「望まれる状況」，「ニーズが関連する対象職種」を明確にした。初期分析では，その内容を詳細に分析して，対象職種における現状と望まれる状況のギャップを明確にし，そのギャップを埋めることを目的とする。

初期分析には図3.1に示す9種類の分析がある。

```
1. 対象者分析
2. 技術分析
3. 環境分析
4. タスク分析
5. 重要項目分析
6. 目標分析
7. メディア分析
8. 既存資料分析
9. コスト分析
```

図3.1　初期分析項目

3.2 対象者分析

対象者分析の目的は，学習者の背景，学習特性を明確にすることである。

表3.1　対象者分析情報

種別	内容
一般情報	・対象者人数 ・年齢層，男女差 ・使用言語（英語，日本語，中国語など） ・文化，社会的背景

特性	・知的能力 ・適正能力 ・態度 ・配慮	知識，認知発達，生理的発達 前提技能，経験的背景 価値観，自己概念（マズローの欲求のどの部分を重視しているかなどを含む） 物理的，人間工学的，環境的な配慮の必要性
学習内容に対する態度	・レベル ・態度 ・言語	受講者の知識・技能のレベル 従来までの経験 誤解しやすい点 教授内容に対する受講者の態度（学習に前向き/後ろ向き，間違えた知識/態度があるなど） 受講者が好む教授形式やメディア 受講者の言語レベル（専門用語の知識など） 受講者が好む言語スタイル（会話調，学問的，友達的など）

対象者分析事例

（1） インストラクショナルデザイナ事例

インストラクショナルデザイナの分析をした事例を以下に示す。

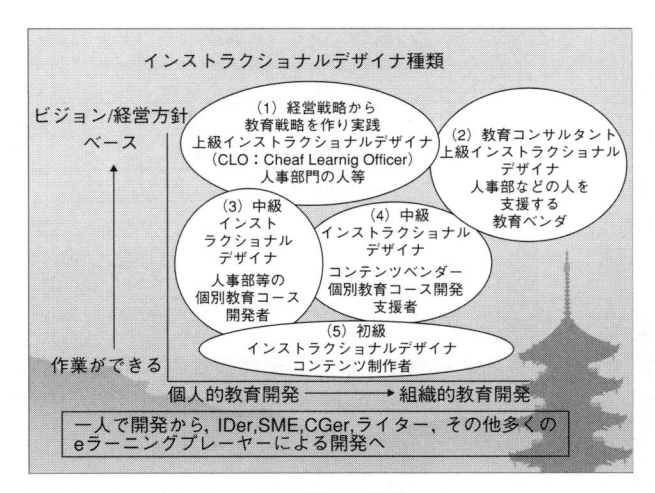

図3.2 インストラクショナルデザイナ種類
（2003 eラーニングForum インストラクショナルデザイン入門出版記念セミナー資料，内田）[4]
注　IDer：インストラクショナルデザイナ，SME（Subject Matter Expert）：内容の専門家，CGer：CGデザイナ

インストラクショナルデザイナの種類を分類すると図3.2のようになる。また，個々の説明を表3.2に示す。

表3.2 インストラクショナルデザイナ種類

(1) 企業の経営戦略から学習戦略を作成し，教育体系全体の企画を実施するような人事部などの人員（上級インストラクショナルデザイナ）

(2) 企業の経営戦略から学習戦略を作成し，教育体系全体の企画を実施するような人事部などの人員を支援する教育サービスベンダーの人員（上級インストラクショナルデザイナ）

(3) 教育体系全体における，個別の教育コースの開発を担当する企業内人事部などの人員（中級インストラクショナルデザイナ）

(4) 教育体系全体における，個別の教育コースの開発を担当する人事部の研修担当者を支援する教育サービスベンダーの人員（中級インストラクショナルデザイナ）

(5) コンテンツの制作者。ただし，インストラクショナルデザイナの作業ができるのではなく，インストラクショナルデザイナの指示を理解し，インストラクショナルデザインの考え方を反映したコンテンツ開発ができる人員（初級インストラクショナルデザイナ）

表3.3 インストラクショナルデザイナ種別ごとの作業時間割合

	ニーズ調査	初期分析	設計	開発	実施	評価
上級人事	35	10	10	数%	数%	40
上級ベンダー	30	15	10	数%	数%	35
中級人事	20	15	20	数%	10	30
中級ベンダー	10	15	30	20	15	10
初級	数%	数%	20	50	数%	10

注記：単位＝％，数％＝0〜10％

表3.3にインストラクショナルデザイナ種別ごとの作業時間割合を示す。

インストラクショナルデザイナの数が日本では非常に少なく，前記のような分類もなかった。インストラクショナルデザイナ育成調査のなかで，このような作業分担を学習目標設定時の参考に設定したものである。

新しい職務の教育について分析を行う場合は，職務イメージを作り上げ，それにあわせたこのような作業割合なども決定しなければならない。なおこれらの設定は，実際のインストラクショナルデザイン業務が市場で育っていくに従い見直していく必要がある。

(2) 情報処理システム保守員・障害対策要員

2.5.2大型情報システム保守要員教育の事例で示した対象職種のうち，障害対策要員の分析の事例を説明する。

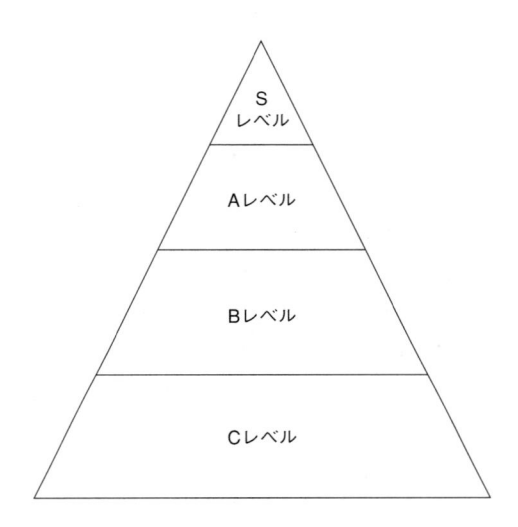

図3.3　障害対策要員のレベル

　図3.3の横幅は人員数を表す。Cレベルが初級であり，Sレベルは最上級レベルである。
　人員育成に相当な期間や費用がかかる障害対策要員は，人員構成・教育戦略として全員を同じレベルに教育するのではなく，階層的な技術レベルとする。すべての要員が均質なサービス提供を行うことが必要な職務の場合，このような戦略はとれない。全体の組織としてサービスを提供するような障害対策なので，このような構造がとれるのである。

Cレベル：基本的な障害の対応などを行うことができるレベルである。システムの機能を知り，障害対策機能やツールを使用でき，定められた障害対策手順に従い障害対策ができる保守員である。
　新入社員や保守対象と同等のシステムについて経験のないものは，まずこのレベルとして育成する。このレベルの者は，職務を続けるなかで経験を積み，または，追加の教育コースを受けてBレベルに上がることができる。なお，Cレベルになるための教育を受けるものは，初心者といっても，保守業務の基本を習得していることとする（保守技術，手順，顧客対応方法などは入社時に充分教育し，個々の教育は必要ないようにする）。

Bレベル：定められた障害対策手順を応用して，障害対策を実施できる。障害はいろいろな様相を持っており，すべての状況を最初から手順として規定しておくことは不可能である。事例などを実際にシステム上で再現して応用動作ができるように学習することにより，このレベルに至る。ただし，Cレベルのものが，実際の障害対策を数多く実施することだけでも，上長が承認して，このレベルを認定することは可能である。

　新システムの基になった以前のシステムを経験した人員を，Bレベルとして育成する。教育内容は以前のシステムとの相違点が中心になる。以前のシステムで問題になった点は必ず教育に入れる。Cレベルの人員が障害対策をできなかった場合はこのレベルの人員が支援する。業務の中核となる人員として育成する。

Aレベル：複雑な障害の対策ができるレベルである。いろいろな障害対策を経験し，高い能力をみせたものがAレベルと認定される。集合教育などではAレベルになることは不可能で，日々の業務のなかで自分自身で切磋琢磨し，上長の認定を得てAレベルになる。業務の分析から問題点を抽出し，改善なども実施する。

Sレベル：自部署の障害対策だけでなく，他部署の支援が実施できる。Sレベルはスペシャリストであり，学習や経験だけでなく本人の適正が必要である。全社的な問題解決や難解障害の支援を行う。システムの開発部署や検査部署との意見交換や改善提案なども行う。保守設計部署へもフィードバックを行う。教育で育てるのではなく，実際の仕事のなかで，Aレベルから適正のあるものを指名することとなる。

　前記のような受講対象者像を明確にし，人事評価などにもこのレベルを反映させることにする。

　このように設定することにより，表3.1対象者分析情報に示す情報は自然と決定される。つまり対象者の情報をいたずらに集めても，その対象者をどのように育成するかを決めなければ何の役にもたたない。表3.1のような情報を集めて列記しただけで，対象者分析ができたとしている事例をみることがあるが，そのような過ちを犯さないようにしなければならない。対象者分析だけでなく，ほかの分析でもこれは同じである。

3.3　技術分析

　技術分析は，「学習に利用できる技術」と「教育開発に利用できる技術」の二つを分析する。教育の配信を行うインターネットなどの技術もeラーニングでは大きな分析項目である。

　表3.4にeラーニング技術の例を示した。現在，最先端で使用可能な技術であっ

ても，学習者や教育コース開発者，実施者が使用できない技術では使い道がない。

新しいものとしては，シミュレーションを簡単に開発する技術や教育コンテンツの管理を動的に行うLCMS，バーチャルクラスルームを実現するLive e-Learning toolなどが提案されている。

教材開発は，いろいろなソフトの開発により，効率的・効果的に行えるようになってきた。例えば，マイクロソフト社のパワーポイントの最新バージョンでは，簡単に音声が付き，アニメーションなどをWEBに公開できるような機能が付いている。同社のProducerを利用すると，インタラクティブ性なども簡単に作れる。だがパワーポイントは，プレゼンテーション用ソフトのため，自学自習用に使用しても教師中心の教材となってしまい，教育という点からみるとインタラクティブ性が少ないという意見もある。しかし，多くのパソコンにはパワーポイントが入っている場合が多い。それを使わない手はない。筆者もパワーポイントとProducerを利用してみたが，既存のほとんどのコンテンツは，いままでより簡単に作れるのではないかと感じた。

最新のLive e-Learning toolは，単なる学習に使うだけでなく，セールス情報の即時通知などの業務に活用したり，コミュニケーション中に見つけ出されたアイデアや知識をナレッジマネージメントとして管理したり，LCMS（Learning Contents Management System）のなかに組み込んだり，チームワークを醸成するツールとして業務のなかで利用したりするようなツールとなっている。EPSS（Electric Performance Support System）などの機能の一部をLive e-Learning toolが持つようになってきているのである。

この本が出版されるころには，もっと新しい技術が開発されていると思う。われわれインストラクショナルデザイナは，常にインターネットなどの情報をチェックしている必要がある。

表3.4 eラーニング技術例

NO	種類	事例	事例
1	LMS（Learning Management System）	・HIPLUS（日立電子サービス） ・InternetNavigware（富士通インフォソフトテクノロジ） ・Cultiiva（NEC） ・Xcalat（NTT-X） ・LearningWizard（東芝） ・Lotus Learning Management System（IBM） ・オープンソースLMS（日本ユニシス＆東京大学情報基盤センター）	主要なもの，現在評判になっているものを挙げた（各システムの名前は各社の商標である）

2	LCMS （Learning Contents Management System）	・Saba ・Docent ・Ingenium（Click2learn） ・THINQ TrainingServer ・LearningSpace（Lotus） ・LEAP（Intllinex） ・LearnFrame ・TopClass（WBT Systems） ・SumTotal（DocentとClick2learnが合併し2005年初に発売予定）	日本でもLCMSと銘打ったものはあるが，米国などの事例のようにLCMSのフル機能を持つものはまだないと現在は考えている。ただし，この本が出版されたころには，日本対応のLCMSが出ているのではないかと思う。
3	インストラクショナルデザインツール	典型的オーサリングツール（ALIC） UNIKIDS（日本ユニシス・ラーニング） Designer's Edge（Allen computer）	各システムの名前は各社の商標
4	学習支援	インターネット掲示板，チャット機能 各種遠隔会議システム/各種遠隔講義システム （Live e-Learning tool）	
5	教材作成	・CG作成ソフト，動画作成ソフト，音声ソフト ・各種オーサリングソフト ・講義収録形コンテンツ作成ソフト ・シミュレーション作成ソフト ・テスト問題編集ソフト ・その他	多数あるので，ソフト名は省略した

表3.4のような技術が学習者にも，教育開発者にも利用可能だとしても，利用可能だから使用すればよいというものではない。一番効果的な教育を効率的に，しかも低価格で開発・実施できるように技術を選ぶべきであり，最初に技術ありきで，その技術を教育のなかに押し込もうとすると失敗する。

1999年ころには「e-Learningは高価な教育管理システムなしには実施できない」と感じられるような説明が多かった。学習コンテンツの配信だけをまずは必要としていたeラーニングユーザや，教育の管理など必要ないユーザに，教育管理を売りつけた格好になってしまった。それが，eラーニングの高度成長予測を裏切る原因の一つになったのではないかと考える。

LCMS（Learning Contents Management System）とLMS（Learning Management System）は名前が似ていること，LCMSが単独で提供されることは少なくLMSと組み合わされて一つのシステムになっていることが多いことから，両者の違いが不明確になっている。

LCMSはコンテンツを管理するという名前どおり，複数の制作者によってコンテンツを作り，保存し，再利用し，管理し，学習者にそのコンテンツ集合保存場所（リポジトリ）からコンテンツを配信するものである。保存は学習オブジェクトの

形で実施される。そのため，SCORMの規格とも合致する（SCORMのOはオブジェクトのOである）。

表3.5 LMS（Learning Management System）とLCMS（Learning Contents Management System）

比較項目	LMS	LCMS
主要ターゲットユーザ	教育管理者，インストラクタ，管理者	コンテンツ開発者，インストラクショナルデザイナ，プロジェクトマネージャー
管理対象	学習者	学習教材（コンテンツ）
教室管理，インストラクタ管理	管理対象（システムによっては対象外）	無関係
主要焦点	教育結果としての職能（パフォーマンス）向上率	コンテンツの制作，管理（知識管理の一部としてのコンテンツ管理）
協調（コラボレーション）学習	あり	あり（コンテンツを動的に活用するほか，協調学習のなかで生まれたアイデアや課題回答などをコンテンツとして提供する）
学習者情報の保持	あり	なし
ERPシステムなどとのデータの共有	あり	なし
学習スケジュール管理	あり	なし
コンピテンシー管理，スキルギャップ解析	あり（初期のLMSにはなかった）	このような機能を持つLCMSが増えてきた
教材（コンテンツ）作成機能	あり（教材登録機能としてのコンテンツ制作機能はあるが，素材からコンテンツを作り上げる機能はない）	あり
組織的再利用可能コンテンツ管理	なし	あり（学習項目，素材などをオブジェクトとして管理し，それを再利用する）
テスト問題の作成	あり	あり
事前テストとその結果に動的に対応した学習順序や，学習項目の選択（アダプティブ学習）	あり（SCORM2004ではシンプルシーケンシングで対応）	あり
教材（コンテンツ）開発工程管理	なし	あり
学習者ナビゲーションインタフェースによる教材（コンテンツ）の配信機能	あり（スキルチェックシステムによる学習ナビゲーションを人事管理システムなどと連動し実現）	あり

インストラクショナルデザインツールは，典型的オーサリングツールが2004年度中に公開されるはずなので，それを直接見てほしい。

デザイナーズエッジは，ホームページ上に試用版があるのでダウンロードして確認してほしい。

UNIKIDSについては，日本ユニシス・ラーニング株式会社の堀内さんより記事をいただいたので，それを表3.6に掲載する。

インストラクショナルデザインの批判の一つに，時間がかかりすぎるというものがある。たしかに1980年代では，教育コースの開発に1年以上かけることも普通のことであった。初期のインストラクショナルデザインは，そのような時間軸で運営された。しかし，今日の社会のスピードを考えるとそれは許されない。筆者のところでも，新規製品の教育用ビデオの企画からシナリオ作成，撮影，編集，提供までを2週間以内で実施して顧客のニーズに応えたこともある。このような時代だからこそ，内容の充実した，効果的，効率的な教育の提供が必要であり，インストラクショナルデザインの活用が望まれる。ただし，昔ながらのすべて手作業で実施していくインストラクショナルデザインではなく，各種ツールを活用した効率的な手法を用いる必要がある。

表3.6 UNIKIDS（日本ユニシス・ラーニング株式会社　堀内氏より）

「IDを実践すればよいことはわかっていても手間がかかりすぎる」という現場の声に応えて，日本ユニシス・ラーニングでは技法を整理し，ツールを提供しています。

技法名	対象範囲	特徴
UNIKIDS	カリキュラム分析/設計 コース分析/設計	最終学習目標をトップダウンに分析し，教材素案の生成まで行う
CUDBAS	カリキュラム分析/設計	必要要素をブレーンストーミングし，ボトムアップに組み立て，科目（コース）の内容を決定する

1　UNIKIDS® とは

UNIversal Knowledge based Instructional Design System　の略で，日本ユニシス・ラーニングが提唱するID技法の名称です。UNIKIDSツールはテーマの分析，順序付け，素材の生成を行い，e-Learningに限らず広くコンテンツの開発に活用することができます。UNIKIDSは日本ユニシス・ラーニング株式会社の登録商標です。

2 CUDBASとは

「CUDBASは，海外職業訓練協会（OVTA）が開発した指導技法PROTSのなかで，カリキュラム設定の段階に使用する手法です。現在，CUDBASをPC上で操作し，UNIKIDSと連携させるツールを独立行政法人雇用・能力開発機構　職業能力開発総合大学校能力開発研究センターで開発中です。本書で紹介しているのは，開発中のツールのイメージです。」

3 作業の流れ

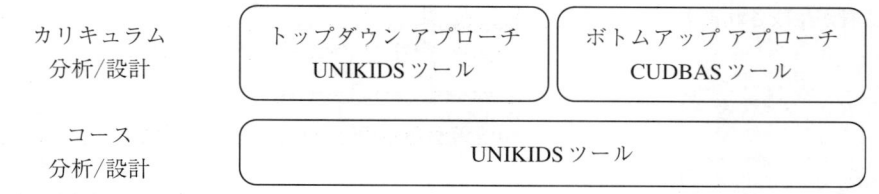

カリキュラム 分析/設計	トップダウン アプローチ UNIKIDS ツール	ボトムアップ アプローチ CUDBAS ツール
コース 分析/設計	UNIKIDS ツール	

4 作業の手順

CUDBASツールでカリキュラム開発し，UNIKIDSツールでコンテンツ設計を行う場合，次のような手順になります。

まず，CUDBASツールで次のように操作します。
① 調査分析段階で得られた情報を訓練ニーズとして入力する。
② 訓練成果の評価項目を設定する。
③ 必要とされる能力を書き上げる。
④ 書き上げられた能力を能力グループにまとめる。
⑤ 指導のしやすさという観点から科目にまとめると，科目（コース）ごとにUNIKIDSへ連携。

引き続きUNIKIDSツールで次の操作をします。
① 開発する教材の対象者やニーズの調査分析を行い，得られた情報を入力する。
② 学習目標のツリー図を詳細化し，前提知識で学習できるような学習項目になるまでブレークダウンする。
③ 個別の学習項目レベルの目標を達成するために必要な知識をキーワードとして登録し，チェックテストを作成する。
④ ブレークダウンされたツリー図の学習項目間の関係を検討し，学習順序を設定する。
⑤ それぞれのキーワードの解説文を入力し，各学習項目に設定された情報を基に，HTMLファイルなどのコンテンツの原型を生成する。

ツールは発想を助けます。またツールに従って設計作業を行うことで，ID工程の作業からの漏れがなくなり，レビューに必要なドキュメントを生成することができます。さらに，各工程で入力したデータ

からコンテンツなどの素材を生成することができます。
＜CUDBAS能力資質リストの例＞
　この結果，一まとまりの科目（コース）で扱うべき内容が定まります。
　CUDBASツールとUNIKIDSツールは連携しているので，各コースについてUNIKIDSツールで分析することで，学習用の資料素材が生成されます。

ブレーンストーミングの結果をグループ化し，検討します

＜CUDBAS訓練目標設定表とUNIKIDS目標詳細図の例＞

初めからトップダウンに分析するときは，この図からスタートします。

これ以降，前提知識で学習できるまでの細かさに分析
キーワードを追加
学習順序設定解説等記述
　教材・コンテンツへ

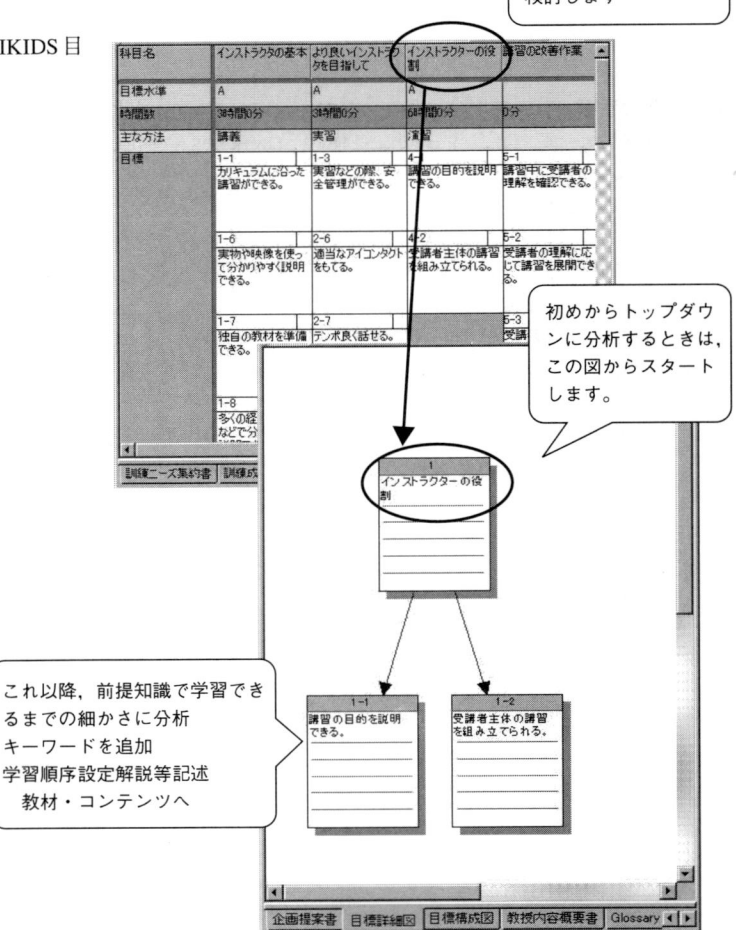

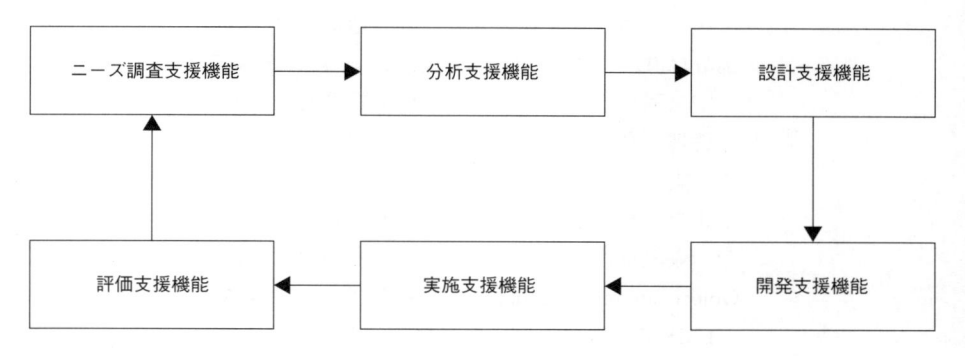

```
ニーズ調査支援機能 → 分析支援機能 → 設計支援機能
        ↑                                    ↓
評価支援機能 ← 実施支援機能 ← 開発支援機能
```

図3.4 一般的なインストラクショナルデザインツール

　一般的なインストラクショナルデザインツールの機能は図3.4のような構造となる。これらの機能が個別のシステムになることも多い。例えば，実施支援機能は教務管理システムなどとして実現されている。また，評価機能の一部は人事システムのなかに入っている場合もある。

　なお，インストラクショナルデザインツールはニーズ調査から使い始めるとは限らない。現実には，一番効果がありそうなところから利用する。例えば，既存の教育が実施されている場合で，工数がかかりすぎるなどの理由で評価が十分されていなかったときには，既存教育の評価から始める。そして，その評価結果から，教育の改革を進める。

技術分析事例

　社内教育実施時の技術分析の例を示す。

(1) LMS（Learning Management System）技術

　教育の種類を，学習者や学習者履歴の管理が必要なものと管理が必要ないものに分ける。実際に管理できる教育のみを管理対象とする。例えば，営業員向け新製品紹介教育は管理対象外とする。

　紹介教育を管理しない理由は，実際にそのような管理をする要求が出ていないからである。新製品紹介教育は全員が学習する必要はあるが，必要時に必要項目を確認したり，教材の一部を顧客へのプレゼンに利用したりするために利用すればよいのである。必要不可欠なことなので，全員が必然的に利用する。よって，教育管理する必要がないのである（どのような部分を学習しているかなどの統計をとれば，何らかの情報として利用はできるであろうが）。

　営業技術教育や新製品関連の開発技術については，企業のコンピテンシー管理の必要性から管理を行う。

そのため，新製品紹介教育は，通常のホームページとして開発し，営業員専用の部分はIDとパスワードで保護し，一般に公開できるところは新製品詳細データとして公開することにより，教材を効果的に利用する。

管理が必要な教育については，LMSで管理する。eラーニングの教育だけではなく，実習などは教室で集合教育を行うので，両方の管理ができるLMSを利用する。

また，社内独自の技術教育が8割であるが，英会話などの自己啓発支援などを含む一般教育には，流通コンテンツも利用することから，SCORM（Shareable Content Object Reference Model）標準をサポートしたLMSを利用する。

LMSには学習理論にあったインタラクティブ性を保障するため，SCORM2004を2004年度末までに入れることとする。なお，SCORM2004の新しい機能である詳細履歴情報の活用は当面は考えない。理由は，現在教育の履歴情報は終了したかどうかと，テストの合格・不合格だけを管理しているためである。SCORM2004で得られる詳細履歴情報の活用方法は，教育評価方式を再検討するなかで検討する。

(2) ライブeラーニング技術

新製品紹介教育などでは，遠隔ライブ教育が有効である。最新の遠隔ライブeラーニングでは，多数の受講者の相互会話やアプリケーション共有ができる。しかしこの教育では「説明を放送すること」を中心に実施できるシステムを選択し，低価格でのインターネット経由での導入を決めた。

製品に求める機能としては「操作が簡単：ITをあまり知らない人が講義することが多い」，「アプリケーション共有：パワーポイントでの説明，エクセルでのグラフなどの情報提示を多用するため」，「インタラクティブ性：イエス，ノーを示す機能あり。低価格化するため受講者の声や画像は伝わらない」，「バンド幅：256kbpsとする。システムの設定をこの幅とし，回線の細い支店には，事前共有ファイル送付などの運用を行う」，「講義内容は自動的に記録され，WEB上にのせることができる」。

なお，今回のシステムはLMSとは費用対効果を考慮し連携しないが，将来の教育方法については，今後検討し，連携なども考慮する。

(3) 学習支援技術

Q&A，FAQの機能を利用し，理解度を上げる。

学習効果を高めるため，学習計画の立案・学習阻害要因の対策などの相談を行うメンターと，内容についての疑問や相談に答えるチュータとしての現場の内容の専門家へのリンクを行う。チャットと掲示板の機能でこれらを実現する。

この学習支援は，基本的にLMSで対応するが，通常のメールと電話も利用する。なお，チュータとしては，トップからチュータ任命書を渡し，担当する学習者の学習評価がチュータの業績評価にもつながるようにしておく。

(4) 配信技術（通信技術）

現在，該当組織では，イントラネット基幹は導入当初から動画などを流すことを基本として設計しているためギガビットの容量があり，現在のデータフローからみると動画を含むコンテンツを流しても余裕があると情報管理部門から回答があった。しかし，数支社がいまだ128kbpsの回線で接続されており，問題があることがわかった。

しかし，最低の回線にあわせて教育を制限することは，ギガネットワーク設置時に計画した機能を十分利用しないということになる。そこで，コンテンツなどはギガネットにあわせて作成する。ただし，動画などのファイルだけを事前に配布しておき，動画だけローカルパソコンからロードすることにより，低速回線の支店でも問題なく学習できるようにした。

なお，動画の解像度は，対象物の大きさ，求められる鮮明度などを考え，ネットワークの余裕（eラーニング以外の本業のデータの増加なども考慮して）を考え，情報管理部署と検討して決定した。

(5) 配信技術（サーバ技術）

動画を利用するのでVODサーバを導入する。サーバの容量は3年間に作成または購入するコンテンツの量に対応した容量とする。容量は毎年見直し，サーバは3年後に最新に入れ替えることとする。最低必要限のサーバ投資とし，3年後のIT技術の向上を享受するためにこのように決定した。ASPも検討したが，コンテンツの容量の関係で，独自サーバ利用と決定した。

LMSサーバは「全体の学習者数」，「短期間，大人数の教育の実施の計画状況」を考慮した。本組織の全体の学習対象者は5,000人である。一般的にある程度の受講者数を超える場合や長期間にわたる教育期間の場合，サーバへの同時アクセス（同時にページ表示要求が到着する数）は，最大でも全学習者数の1%以下のことが多い。短期間で大人数の教育を実施するような場合は，同時アクセス数は全学習者の数%と推定される。ISO教育を全従業員に実施し，その実施期間は1か月，学習時間帯は昼休みなどの場合がこのような状態である。また，集合教育で同時にログインさせて，同じコンテンツを学習させることは基本的になく，あったとしても，12名以下の学習者がいるコースが単独で行うだけであることがわかった。

低コストで満足できる機能を発揮するには，このような推定でサーバの能力を設計し，教育数が少ない初期の状態で，サーバのアクセス状態などを分析し，その分析に従いメモリやCPUの増設などを見直せばよいと考える。

ライブeラーニングツールのサーバは，専用サーバとし，ツールの仕様にあわせ設計する。

ホームページサーバについては，公開する新製品情報へのアクセス予想と営業員

のアクセス予想を考慮して設計する。

(6) 教材開発技術

社内コンテンツについては，制作は外部ベンダーにアウトソーシングすることとした。開発すべきコンテンツの概要，教育開始時期を開発契約を結んだベンダーに伝え，技術分析の結果をベンダーに示し，素材などの設計，使用する教材開発技術を教材設計仕様書としてまとめてもらった。その内容を教育部門と情報管理部門の担当者で検討して，最終教材設計仕様書として決定した。できあがるコンテンツの技術仕様の検収はこの教材設計仕様書に従って行うことをベンダーとも確認した。

社内ではパワーポイントが全員のパソコンにあり，みんなが使い慣れているので，内容の専門家である社内の教材開発担当者は，パワーポイントに教育したい内容をメモし，簡単な図を描く。説明を担当者がパワーポイントの各ページに吹き込むこと（パワーポイント2003では簡単に各ページに録音できる）により，簡単にコンテンツ設計者に内容を伝えることができる。設計者はこのパワーポイントの情報とそのほかの収集情報をもとに，対象者分析を含む分析データを使い，学習理論に従い学習効果の高いコンテンツの設計を行う（パワーポイントをそのまま利用しない）。

(7) インストラクショナルデザインツール

ニーズ調査のためのツールの開発・学習目標分析などについては既存ツールを利用，設計・開発については素材などをデータベースとして管理するシステムの利用，実施については既存の教務管理システムとLMSの連携，評価については一つひとつのコンテンツの評価から経営戦略への貢献度まで計測できるシステムの検討を行うこととした。教育システム開発会社との共同作業とする。

(8) その他

学習目標分析で決定した学習目標一覧を人事システムのスキル評価システムの入力とし，コンピテンシー管理，人事考課として利用することとした。なお，このような新方式を全従業員に知らせる方法は人事部で検討することとした。

3.4 環境分析

環境分析には「仕事の環境」「学習時の環境」がある。

仕事の環境を調査すると，最初にニーズ提起された従業員の能力不足が，実は職場の環境が悪いために発生していることもある。そのような場合に教育を実施しても実際の効果は少ない。

また，工場の現場で騒音が70デシベル以上あるような現場での実習では，学習環境として，学習者が説明を聞き取れるようにする方法，学習者の注意を維持する方法，学習者の安全の確保などを最初に検討する必要がある。

eラーニング利用の学習の場合は，ネットワークやパソコンの性能，それらの利用費用，音声などの利用可否，学習場所としての仕事の現場など，いろいろな学習環境分析が必要である。

環境分析事例

窓口業務担当者への新規サービスの教育について「学習環境の分析」を行った。

通常，顧客対応窓口担当者の教育は，窓口においてeラーニングで学習することはできない。窓口ではやはり顧客が優先である。

ただし，顧客と一緒に顧客の求めるサービスのシミュレーションを試みたり，詳細サービスの説明を示すEPSS（業務支援型学習）のような場合は，窓口でも活用できる。今後はこのような学習と仕事の融合を増加させる必要がある。

現状では窓口での学習はできないので，学習場所をほかに準備すること，学習時間を確保することとした。対策として，自学自習ブースを設けて，窓口業務スケジュール表のなかに，学習時間もスケジュールすることとした。

家で学習することも検討したが，パソコンやインターネット設備と料金をどうするか，学習時間を勤務として考えるか，コンテンツなどの情報のセキュリティをどうするかなどを検討した結果，家では学習しないこととした。

「職場分析」としては，窓口の照明や，空調などの物理的な問題はないことがわかった。現在，窓口で利用できるものは，パンフレットである。

顧客へサービス内容をより効果的に提案し，さらに事前学習の必要性を少なくするために，パソコンを利用したシミュレーションの導入を実施したほうがよいことを提案した。顧客に合致したサービスが具体的にどのような結果をもたらすかを目に見える形で提案できるし，事前に細かい条件などを窓口担当者に教育しなくてもすむ。教育費用も減少させることができるうえ，売り上げ増へもつながるのである。なお，システムは単にシミュレーションを提供するだけでなく，インターネット上の最新の情報を顧客にその場で提示することなども可能である。なお本件は，費用などの問題で，次期の検討課題とした。今回の教育コース開発は，パンフレットベースの窓口説明を実施可能とすることとした。

3.5 タスク分析と重要項目分析

ニーズ調査において「職務を定義する。既存の職務は調査し，定義がない場合や

新しい職務の場合は，新しく作成する」というタスクを実施している。この調査した職務を，職務の実施手順などに従い細かく分析し定義する。

その定義した項目に重み付けしていく。特にどのタスクが重要であるかということは，経営戦略や業績好調タスク部分などから決定される。

3.5.1 タスク分析と重要項目分析

表3.7にタスク記入項目の記入事例を示す。一つの職務は複数の職責からなり，その職責はいくつかのタスクで構成される。そのタスクを実施するために必要な知識（K），技術（S），態度（A）種別がある。

タスクを実施する人員種別ごとに重み付けをしていく。

インストラクショナルデザイナの場合であれば，「図3.2 インストラクショナルデザイナ種類」に示す5種類の人員に対して，おのおの重み付けをしていく。すると，人員種別に従い重みが異なり，ある種別では重点的に教育すべき項目が，ある種別では教育しない項目となったりする。

表3.7に示すタスクを一覧表としてエクセルで作成し，右側に続けてタスク重み付け欄を人員種別の分だけつけていく。すると種別ごとの重み付けを比較でき，分析作業がしやすい。ただし，表が非常に大きくなるので，印刷時は表を分割するなどして出力する。

表3.7 タスク記入項目

項目名	内容	記入事例
項番	タスクの項番	3.5.2
職務・職責群名	職務，職責の名前	初期分析
職責	職務	タスク分析
タスク	具体的な作業を文章で記述する	職務名を定義して，文書化する
KSA種別	知識（K），技術（S），態度（A）種別	K
KSA	具体的なKSAの内容を記述する	成人学習理論における「適切性」「積極性」「自主性」「個別化」について，具体的に説明できる

表3.8 タスク重み付け

項目名	内容	記入注意事項
頻度	そのタスクの実施される頻度	タスクの実施頻度は教育が必要な頻度か。例えば，10年に1度しか実施しないようなタスクは例外も多いが，通常の人には教育する必要がない場合が多い。

3.5 タスク分析と重要項目分析

実行人数%	対象職種の人の何%の人が実施するか	対象職種の一部しか実施しない場合は，それでも全員に教育する必要があるか考える。ない場合は職種を分割することなどにより，不必要な教育実施を避けるよう検討する。
難易度	どのくらい難しいか	修得の難しさを判断する。難しい場合は，解決方法を検討する。タスクを分解して，簡単なタスクの組み合わせで実施するようにしたり，ツールを作って簡単にしたり，専門家を導入してほかの人は学習しなくてもよいようにすることも考える。ただし，難しくとも業務の中心になるような重要な項目の場合は，いかに効果的，効率的に学習できるか（例えばシミュレータによる学習）を検討する。
重要度	どのくらい重要か	業務のなかで，その仕事がなかったらどのような影響があるか検討する。重要項目の場合には，確実に修得できること，修得したかどうかをまちがいなく評価する方法を検討する。
成功領域	対象組織のなかで，成功している分野かどうか	企業の場合は，成功している部分を大事にし，成功領域を育てることが，収益確保，生き残りの手段の一つとなる。成功している理由とそれを維持していくための学習方法を検討する。
時間	そのタスク実施に必要な時間	長時間かかるものか，短時間で済むものかを検討し，学習手段を検討する。
影響	タスクの社会や顧客，業務に与える影響度	影響が大きい場合は，確実な修得，確実な評価方法を検討する。失敗した場合の対応方法など，いろいろな応用方法の学習方法も検討する。
時間差	学習してから，実際に仕事をするまでの時間差	学習してから，長い時間がたってから実際の仕事をするような場合は，思い出すためのいろいろな学習手段も考える。昔からの手法では，ノートを取るなどの方法があるが，今は，eラーニング（パフォーマンスサポートシステム含む）や再トレーニングなども考える。
即時性	仕事の要求が発生してから，実際に仕事をしなければならない時までの時間	即時性が必要なタスクには，オンラインツールや支援などを考慮した教育を行うこと。また，必要資材などの手配なども考えて教育する。
支援	タスクを実施する場合の支援があるかどうか	支援組織があり，支援が確実に利用できる場合には，支援を前提にした教育を検討する。ただし，支援にはいろいろなタイプがあるので，そのタイプにあわせ，最も効率的な教育を計画する。
本質的	タスクは本質的か	タスクの重要度や作業時間の多さに関係なく，その業務の本質に関するものかどうかを検討する。タスクが職務にとって本質的な場合は，その理論面や背景なども理解させる。また，確実に修得すること，修得したかどうかをまちがいなく評価する方法を検討する。
教育しない	教育するかどうか	上記の判断基準を検討し，対象人員には教育が必要かどうかを検討する。

3.5.2　タスク分析と重要項目分析事例

　　トマトをハウス栽培する事業を考えている人へ，トマト栽培教育コンテンツ開発のタスク分析の一部を表3.9に示す。紙面の大きさが限られているので，実際の項目の表示を簡略化して，その一部のみを示す。
　　実際に学習目標分析をする場合は，各項目の幅を充分とって，明確に記述すること。また，重み付けする場合は，判断基準を決めておき，それをリスト化し，選択することで入力するようにしておくと，分析が正しく速く実施できる。

表3.9　トマト栽培事業教育

項番	職務・職責群名	職責	タスク	KSA種別	KSA	兼業農家の新規ハウス栽培開始者											教育しない
						頻度	実行人数%	難易度	重要度	成功領域	時間	影響	時間差	即時性	支援	本質的	
1	事業計画	市場調査	調査実施			1/年	10	難	◎						外部調査機関	○	
				K	調査技法を活用して，効率的に有効な情報を収集する	1/年	10								×		

3.6　学習目標分析

　　学習目標分析では，「コースゴールの設定」と「タスクに対応した学習目標の設定」が必要である。
　　「コースゴール」とは，2文または3文で記述した「コース受講の結果どのようなことが実施できるようになるのか，その結果どのようなことが実現できるのか」を明確に示す文章である。

「タスクに対応した学習目標」は，学習すべき項目を詳細に記述した箇条書き一覧である。

3.6.1 インストラクショナルデザインコースゴール設定例

米国や韓国では，インストラクショナルデザインなどの教育学部を卒業した人が企業に就職し，すぐに企業の教育コースの開発を行っている。日本では，教育学を専攻していても，企業に就職して即戦力になる人員とはなっていない。

そこで，教育学専攻の大学生が企業に就職して即戦力になることを認定するインストラクショナルデザイン教育コースを開設する。

なお，この例は実際に実施したものではなく，筆者が実施したい，または実施してほしいと考えているコースである。

表3.10　インストラクショナルデザインコースゴール事例

項目	内容
コースタイトル	インストラクショナルデザイン就職コース
コースゴール	企業の人事部が行う教育企画，教育開発実施評価ができるようになる。 就職した会社で，教育ニーズにあった，効果的，効率的な教育をIT技術などの最新技術を最大に活用し，「ニーズ調査」「初期分析」「設計」「開発」「実装・実施」「評価」の手順に従って，システム的に開発できるようになる。
レッスンの長さ	3か月（eラーニング正味80時間，レポート作成20日，集合実技20日）
対象者	大学生（人事部に就職して教育を担当しようとする人） 人事部の教育担当者の受講も可能とする
受講人数	12名/コース
学習手法	eラーニングによりインストラクショナルデザインの知識，技術を学習し，教育コース開発の具体例をレポートで作成し，そのレポートを中心に集合討議，教育コース開発の試行実験を行う。開発では専門のCG制作者やWEBプログラマを一部使用する。試行コース実施時は本コース受講者が交互に受講者と実施者（インストラクタ，ファシリテータ：学習支援者など）になる。詳細はカリキュラムに示す。
評価方法	提出したレポート，討議での発言，eラーニングによる章末テストと終了テストにより総合評価する。テストは80点以上，レポート評価がすべてB以上であること，口頭試問への回答により判定する。なお，レポートは期限以内なら何度も再提出可能とし，レベルの向上を図ることができる。レポート課題例を参照。
前提条件	・教育学などの学習を実施していること。 ・IT技術については，マルチメディアの作成技術を含み，最新の技術の知識を有すること。
難易度	難（本コースでは，関連する心理学，学習理論，IT技術関連も学習する）　学習するには強いモチベーションと能力が必要。
重要度	重要（人事教育計画者には必須の学習）

資料	インストラクショナルデザイン入門（リー） 実践インストラクショナルデザイン（内田）
受講料	受講料500,000円/人。資料代，懇親会代含む。旅費・宿泊代は各自負担。
コース終了時の出力	（合格者のみへ発行） 修了証 習得インストラクショナルデザインスキル項目一覧（就職先に能力証明として，習得したスキル項目を提出することができる） コース企画事例（装丁した各自のレポート。実施部署の印付き）

　本コースゴール設定表の内容は，コース案内という形で受講者に示す。表3.10はコース開発のための情報であり，受講者に示す場合にはよりわかりやすく，教材の実例などを含めて提示する。

　企業内教育の充実している会社では，期ごとに教育コース案内書という形でわかりやすく必要項目を提示して，受講者を募集している。

　しかし，教育案内を見ても，学習したい，受講したい，という気が起きないようなコース案内やシラバスも多い。特に受講料が問題にならないようなコースやセミナーによくそのような例がある。米国の学会セミナーやチュートリアルの案内では，学習方法やゴールの説明がわかりやすく，しかも受講意欲をかき立てるようなものが多い。

　わかりやすいコース案内にするためには，このコースゴール設定を適切に実施しておくことが必要である。

3.6.2 学習目標分析

　学習目標分析は，初期分析のなかで，大きな作業量を必要とする部分である。分析手法としては，表3.11に示す内容を各学習目標ごとに設定していく。その結果，学習目標を明確に決定できる。

表3.11　学習目標分析表

	項目名	小項目名	内容
職務遂行目標	学習目標名		学習目標名
	学習領域		学習領域（表3.12参照）
	レベル		学習領域のレベル（表3.12参照）
	要素	対象	学習目標の対象
		状況	どのような状況で学習目標が実施されるか記述する
		行為動詞	学習時にどのようなことを実施するか動詞で記述する
		制約ほか	学習目標を実施するときの制約や条件を書く
		習得能力	どんなことができるようになるか記述する

学習目標	最終目標	5要素のなかから行為動詞を除いたものが最終的な学習目標である。分析のための文章であるため，コンテンツなどの教材に記述して，学習者に学習目標を明示する場合は，わかりやすい文章に書き換えて提示すること
	レッスン目標	5要素のなかから修得能力を除いたものがレッスン目標であり，学習のなかで実際に実施してみる項目である。
学習方法		eラーニング，レポート作成，集合教育などの種類と学習時間
評価方法		各学習目標の修得度評価方法をテスト，レポート，口頭試験，実技テスト，シミュレーションのなかから指定する。ほかの評価方法が出てきた場合は直ちに追加する。

表3.12 学習領域とレベル（2003 eラーニングForum インストラクショナルデザイン入門出版記念セミナー資料，内田）[4]

	認知	情意	運動	精神運動	メタ認知
レベル	識別	受信と応答	反射運動		
	概念の具体化	価値付け	基本的運動		
	概念定義	組織化	知覚		
	ルール	個性化			
	問題解決				
	認知戦略				
	教授伝達				

3.6.3. 学習目標分析例

（1）市場調査事例

各要素を順番につなぐと学習目標，またはレッスン目標になるように記述していくことが，分析のコツである。具体的に学習のなかで実施する学習活動がレッスン目標である。この学習目標が習得できたかどうかの評価は，このレッスン目標が実施できたかどうかになる。評価方法をテストにするか，レポートにするか，実技テストにするかなどは，このレッスン目標を考えると簡単に決定できる。

教育コース実施時は，学習効果を高くするため，最終学習目標を学習者に明確に示すことが重要である。ただし，表3.13のような分析のための文章をそのまま使用すると，文章が長すぎ，理解しづらい。そのため，学習者に示す学習目標は，分析で決めた文章をわかりやすく書き直して提示すること。

表3.13 調査学習目標分析表（一部）

職務遂行目標番号	学習目標名	学習領域	レベル	職務遂行目標 要素					学習目標	
				対象	状況	制約	行為動詞	習得能力	最終目標（知識，スキル，態度セット：学習終了後に実施可能となる項目一覧）	レッスン目標（学習時実施項目：学習評価項目）
5	調査	認知	問題解決	現時点での市場の問題点を	毎月定期的に	費用をかけず，インターネット上で	調査し報告書を記述する	調査対象を指定して，調査報告する	現時点での市場の問題点を毎月定期的に費用をかけず，インターネット上で調査し報告する	現時点での市場の問題点を毎月定期的に費用をかけず，インターネット上で調査対象を指定して，調査報告書を記述する

(2) インストラクショナルデザイン学習目標分析事例

　　表3.14はインストラクショナルデザイン業務の目標分析の部分の分析事例である。なお，紙面の関係で最終学習目標とレッスン目標は省略してあるので，自分で文章を作ってほしい。

表3.14 インストラクショナルデザイン学習目標分析

目標番号	学習目標名	学習領域	レベル	要素				
				対象	状況	制約他	行為動詞	習得能力
3-6	目標分析概要	認知	教授伝達	目標分析の目的と実施項目を	何も見ずに	わかりやすく	列挙する	説明できる
3-6-1	学習領域決定	認知	問題解決	学習領域を	タスクリストを利用して	論理的に考えて	タスクリストに付記する	決定できる
3-6-1-1	学習領域理論	認知	教授伝達	学習領域（認知，情意，運動，精神運動，メタ認知）について	学習領域表を利用して	わかりやすく	列挙する	説明できる
3-6-2	学習領域レベル決定	認知	問題解決	学習領域レベルを	タスクリストを利用して	論理的に考えて	タスクリストに付記する	決定できる
3-6-2-1	学習領域レベル理論	認知	教授伝達	学習領域ごとのレベルを	学習領域ごとのレベル表を利用し	わかりやすく	列挙する	説明できる

3-6-3	ゴール宣言文	認知	問題解決	コース全体のゴールを	この時点までのすべての調査データ，分析データを利用し	1〜3文で	文章化する	記述できる
3-6-4	職務遂行目標記述	認知	問題解決	職務遂行目標を	タスクリストを利用して	簡潔に	具体例を挙げる	5要素に分けて記述できる
3-6-4-1	職務遂行5要素	認知	教授伝達	職務遂行目標に入れる5つの要素（状況，習得能力,行為動詞,ツールなどの制約）を	5要素表と行為動詞表を利用して	わかりやすく	列挙する	説明できる
3-6-5	職務遂行目標レビュー	情意	組織化	職務遂行目標を	事前にタスクリスト，職務遂行目標を配布し	事前に各自から意見を提出させるなど，短時間でできるように工夫した	レビュー，評価の具体例を示す	関係者を集合させたレビュー，評価ができる
3-6-6	最終目標とレッスン目標記述	認知	問題解決	コースの目的とする最終的に修得すべき最終目標と，コースでの学習行動を定めたレッスン目標の設定方法を	職務遂行目標一覧を利用して	簡潔に	具体例を示す	説明できる
3-6-6-1	最終目標	認知	問題解決	最終目標を	職務遂行目標一覧を利用して	対象，状況と修得能力の項を主に利用して	具体例を示す	記述できる
3-6-6-2	レッスン目標	認知	問題解決	レッスン目標を	職務遂行目標一覧を利用して	修得能力の項を除くことにより	具体例を示す	記述できる

(3) 情報機器保守員の学習目標例

学習目標分析としては，少し古い例ではあるが，表3.15のような分析でもよい。この例は，情報機器の新機種の教育の例であり，それ以前の機器との相違を中心に教育している。座学の部分は最初は集合教育で実施するが，コンテンツが作成できたところでeラーニング化する。

この例では，表3.13のようなレッスン目標がない。その代り，表3.16の評価チェックリストがある。

学習目標を決定したときは，その学習目標が習得できたことをどのように評価するかを決めておく必要がある。

表3.15 情報機器の保守員教育学習項目 (1) 学習目標

項番	教育項目		座学	実習		学習目標
	大項目	中項目				
1	システム概要	(1) 開発の背景	○		1	開発の背景および仕様を説明できる
					2	システムの位置付けを説明できる
					3	システムの特長および構成（××殿仕様）を説明できる
					4	ハードソフトウェアの構成を説明できる
					5	納入サイト一覧および納入台数の説明ができる
					6	RAS各機能を説明できる
					7	×××との相違点について説明できる
2	現調	(1) xxx	○	○	1	現調手順の説明（注意事項含む）できる
					2	動作確認ができる（HATP/LAN連動テスト/IPアドレス設定）
					3	オプションP/Kの据え付け作業ができる
					4	UNIXシステムのシャットダウン処理ができる
		(2) yyy			1	機器構成概要を説明できる
					2	ケーブル仕様とケーブル接続時の注意事項（DSP/LCD/KB系）を説明できる
					3	SCSI IDの設定ができる

表3.16 情報機器の保守員教育学習項目 (2) 評価チェックリスト

修得項目		NO	チェック項目	チェック欄			判定
大項目	中項目						
	全体	1	zzzシステムはT-hhhシステムのどのクラスの後継か右から選びなさい				
		2	T-hhhシステムに比べて×××システムの特徴を3つ記せ	①	②	③	

		3	T-hhhシステムと×××システムの構成機器名の対応を書け	TCE： ICC：	FBT： ICS：	
		4	BSSのOS名を記せ	・		
		5	BTSのOS名を記せ	・		
		6	BSS-BTS間はどのようなプロトコルで接続されているか記せ	・		
		7	BSS-BTS間の伝送媒体・伝送速度を記せ	・		
概要	BSS	1	BSSの型名を記入せよ	・		
		2	BSSのタイプを4タイプ記入せよ	1. 3.	2. 4.	

3.7 メディア分析

　メディアとしては，インストラクタ，CBT，遠隔ブロードキャスト，WEB，音声テープ，ビデオテープ，PSSなどがある。現在は，LCMSやライブeラーニングツールや携帯電話なども，新しいメディアとして挙げられる。
　携帯電話の利用については「集合学習環境における携帯電話の有効利用に関する実証的考察」（松居辰則，教育システム情報学会研究報告　vol.19 2004-05）[5]に具体的な教育での利用が報告されている。そのなかで，いくつかの仮説が述べられている。携帯端末を教育メディアとして取り入れる場合，参考になるので，その一部を引用する。
　　仮説：携帯電話は多義選択式の課題，特に計算などの必要のない課題に適している。
　　仮説：自由記述式の課題では1問あたりの文字数が100文字程度までである。
　　　　　　　　（松居辰則，教育システム情報学会研究報告　vol.19 2004-05）[5]

　新しいメディアとしては，PDAやウエアラブルコンピュータなども，今後の教育メディアとなっていくと考える。その意味で，新しいメディアの研究，調査を続けていくことが重要だと考える。
　また，メンタやチュータ，ファシリテータなどの学習支援者もメディア分析の対象である。eラーニングの成功のためには，学習支援者が重要だといわれている。その意味で，これらの分析も必要である。

メディア分析事例

　本事例では，学習者は分散した場所におり集合しての学習は最低必要限とすること，インターネットの利用が自由にできること，ワークショップなどによる実技訓練が必要であることからブレンディング教育とし，利用するメディアは以下のものとする。

- eラーニングにより知識を学習する
- レポート（Wordなどを利用）の提出と公開（掲示板などを利用），意見の交換（チャット，掲示板などを利用）を行う
- メンターによるコース開始案内，進捗管理と指導メール，Q＆Aを行う
- インストラクタによる，作成したレポートの討議を集合教育で行う
- コンテンツは，画面上に知識・スキルを表す図・動画・アニメーションや，キーワードを表示し，ナレーションで説明を行う。なおナレーションは，クリックによりテキストで表示することも可能とする（最初からナレーションテキストを表示すると，学習者の注意が分散し，理解度が落ちるので，必要なときのみナレーションを確認できるようにする）
- 学習者の学習意欲を維持向上するようなARCSモデル（ケラーの，注意：Attention，関連性：Relevance，自信：Confidence，満足感：Satisfactionという学習意欲を高める四つの側面のモデル）に沿った構造とし，適切なインタラクティブ性を持たせ，学習効果を高める
- メンター，インストラクタの業務は別途メンターガイド，インストラクタガイドとして設定する。授業はこのガイドに従い実施される。なお，ガイドは教育実施ごとにその結果を反映させ，修正する

3.8　既存資料分析

　既存資料，既存教科書，既存コンテンツなどを調べ，利用できるものは利用していく。必要な場合は，その領域を担当するインストラクタや，内容の専門家などについても調査し，プロジェクトへの協力や参加を依頼する。

既存資料分析例

　インストラクショナルデザイナ教育の分析事例
- いくつかの短期間セミナーが実施されている。
日本ユニシス・ラーニング株式会社
（http://learning.unisys.co.jp/）

株式会社ネクストエデュケーション
（http://www.nextet.net/service/id_seminar.html）
シンガポールや英国（CeLP）などにはいろいろのコースがあるが省略
- 専門書（現在では，これ以外もいろいろある）
  1. 鈴木克明『教材設計マニュアル』（北王子書房）
  2. リー，オーエンズ『インストラクショナルデザイン入門』[1]（東京電機大学出版局）
  3. 玉木欣也・小酒井正和・松田岳士『Eラーニング実践法』（オーム社）
  4. レイヴ，ウェンガー『状況に埋め込まれた学習』（産業図書）
  5. ウィリアム・ホートン『eラーニング導入読本』（日本コンサルタントグループ訳/出版）
  6. Dig & Kery, "The Conditions of Learning Training Applications", ASTD.
  7. R.C. Richey, "Instructional Design Competencies".
  8. George M. Piskurich, "RapID Instructional Design ― Learning ID Fast and Right".
  9. Margaret Driscoll, "WEB Based Training".
- インストラクショナルデザインについての日本語のeラーニングコンテンツはない
- インストラクショナルデザインについての英語のコンテンツは海外にいくつかある。ただし，学習時間が数か月，受講料が100万円を超えるなどの問題があり，利用できない

結論としては，リー，オーエンズ著『インストラクショナルデザイン入門』[1]（東京電機大学出版局）をサブ教材として利用するが，eラーニングコンテンツやカリキュラムは新規開発することとした。

3.9　コスト分析

コスト分析としては，コース開発に必要な開発費用と，その開発から得られる利益予測をする必要がある。

コスト分析事例

（1）コンテンツを作成し，それをCD-ROMで販売する事例

表3.17　開発コスト

成果物	数量	工数 人日	内容
ニーズ調査	1式	25	市場調査含む
初期分析	1式	25	
コース設計仕様書（CDS）	1部	5	インストラクショナルデザイナ，デザイナ，SE，内容の専門家：SME，プロジェクトマネージャーによる共同作業
ストーリーボード	1部	15	インストラクショナルデザイナによる基本設計と関係者によるレビュー，調整，シナリオライター記述25ページ/日×8日，SMEの見直し
基本デザイン（テンプレート作成，機能レビューなど）	1式	10	制作，画面コピーなど提出，打ち合わせ（既存テンプレートを修正して使用）
素材作成	1式	12	CG，アニメーション，音声，テスト問題，既存素材の活用が主
オーサリング	1式	8	オーサリング（テンプレート使用）・検査・試行
試行	1式	40	モデル受講者手配
評価	1式	10	テスト分析・アンケート分析・総合評価まとめ
販売費用	1部	−	別途計算
合計		150	開発費＝Σ工数×単価＝150×100,000円・人＝15,000,000円　（同一単価100,000/工数とした場合）

　　　　工数単価の安い人を利用すれば，計算上は合計費用が下がるが，品質の低下，手戻り・修正の増加による作業時間の増加などにつながることがある。もちろん，単価の高い人を選んでも，その選んだ人が不適切な場合は，計算通りにはいかなくなる。予算内で終了させるには，適切なプロジェクト管理が必要である。

表3.18　売上計画

販売対象者：　約　40,000人/年
販売見込み本数：　約　10,000本/3年　×　30,000円＝300,000,000円/3年間売上
見込み数の根拠理由： ・資格試験受講者：100,000人/年 ・新規受講者数：　50,000人/年 ・既存資料調査では，紙の資料しかなく，資格試験のIT化に対応するには今回のeラーニングコンテンツがベストである。現在は競合なし。 ・ほとんどの会社で受講費用は会社が負担。

売上計算は，CD-ROM販売計画であり，売上予測さえ正しく立てられれば，簡単である。表3.18の見込み数の根拠理由を，より厳密なものにするためには，市場調査が別途必要と考える。通常，確実に購入してくれる組織などを確保して，それ以外を一般流通市場に流れるように計画するなどして，販売不振リスクに対応することが多い。

ROIの予想としては，以下のようになる。

$$\text{ROI} = \frac{300,000,000}{15,000,000 + 販売費 + その他費用}$$

(2) 保守員教育の例

全国から3日間集合させて教育を実施していたものを，eラーニングに変えた場合の例である。なお，学習期間が25％短縮すること，教育の結果約40％の作業時間短縮ができることは，ほかの同等コースで実証されている。

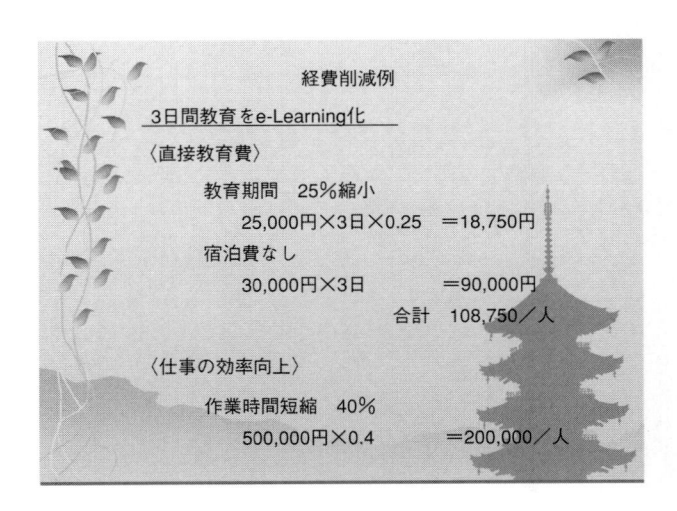

```
              経費削減例
  3日間教育をe-Learning化
  〈直接教育費〉
     教育期間　25％縮小
         25,000円×3日×0.25  ＝18,750円
     宿泊費なし
         30,000円×3日         ＝90,000円
              合計　108,750／人

  〈仕事の効率向上〉
     作業時間短縮　40％
         500,000円×0.4        ＝200,000／人
```

図3.5　コスト削減計画

3.10 課題

　コース開発を実施する場合，会社トップの承認を取る必要がある。会社トップの学習経験は，昔ながらの教室で先生の説明を聞くというものである。日本の場合は，質問を自分からするという習慣もほとんどないため，会社トップは「わからなくても受身で聞いている」という学習経験を持っていることが多い。通常には，学習目標をニーズ分析に基づいて作らなければならない，ということを認識していない。

　あなたは，新規教育開発をアウトソーシングするとして，ニーズ調査，初期分析から実施できる会社を選択しようとした。各社から見積りと提案書，制作コンテンツ例を提出してもらった。ニーズ調査，初期分析の事例を提出した社は2社だけであった。もう一つのX社は，見積りが一番安く，きれいな絵とアニメーションを説明に使ったコンテンツ例を提出した。

　会社トップの判断は，きれいなコンテンツができて安いのだからとX社を使うと決定した。

　さて，あなたはどうしますか。

4 設 計

　初期分析のなかの学習目標分析で教育すべき項目が決定した。しかし，その学習項目を対象者にあわせ，タスクが確実に実施できるように，環境にあわせた適切なメディアを利用して教育方法を設計することは，単純なことではない。

　一人でこれを実施すると，教育方法に偏りが出てしまうことが多い。例えば，構造が作成者の好みに偏ることがある。その意味で，プロジェクトを作り，初期分析の内容を全員で共有し，いろいろな人員の能力を結集して，学習行動をどのように設計するか，それを実現するためにどのような教材構造にするか，メディアは何を組み合わせて利用するか，などを決定しなければならない。

　関係するメンバー全員を含めて初期分析の結果を伝え，全員で「スケジュール」，「チームメンバーの役割と責任」，「メディアの仕様」，「コンテンツ構造」などを決定し，プロジェクトを開始するのである。

4.1 設計の基本の復習

　設計の事例をみる前に，学習方法や順序，学習理論，学習構造などについて復習しておこう。

4.1.1 学習方法と順序

　学習順序に関連する方法論からみると，図4.1に示すような方法がある。機能的に説明するとか，演繹的に説明するなどの方法となる。例えば，プロセス型の業務

では，プロセスの規範にあわせて，順番に実際の仕事を経験してみることが多い。

```
帰納的        例示  →  一般化
演繹的        規制  →  事例
規範的        あらかじめ準備したとおり
適用的        受講生のレベルに応じてその場で変える
発見学習的    受講生自身で発見
全体論的
```

図4.1　方法論［「インストラクショナルデザイン」2001 先進学習基盤協議会内セミナー資料（清水）］[6]

学習順序そのものとしては，図4.2，4.3のようなものが考えられる。簡単なものから複雑なものを学習する，既知のものを確認してから未知のものを学習するなどである。この方法は，知識学習だけでなく，技術習得などにもよく使われる。なお，複雑なものを学習する場合は，全体を理解し，個々の部分については簡単なことから複雑なことを学び，最終的に全体をもう一度学習するとよく理解できることが多い。

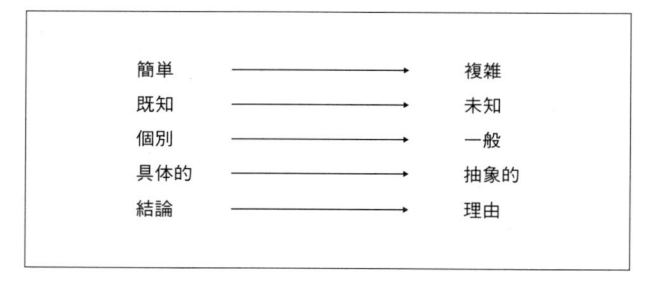

```
簡単  ──────→  複雑
既知  ──────→  未知
個別  ──────→  一般
具体的 ─────→  抽象的
結論  ──────→  理由
```

図4.2　学習順序1[6]

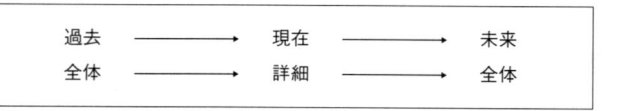

```
過去 ──→ 現在 ──→ 未来
全体 ──→ 詳細 ──→ 全体
```

図4.3　学習順序2[6]

対象者に合致した学習方法としては，図4.2，4.3の学習順序を理解したうえで，図4.4にあるような学習方法を検討しなければならない。

なお学習方法としては，説明を聞くだけでなく，例題を自分で一般化する，規制にあった事例を選択する，シミュレーション機能で自分のレベルに応じて体験をできるようにするなど，いろいろな学習方法がある。

```
範囲：マクロ，ミクロ
戦略：メディア，形態
展開：方策，形式
系列：順序，進行予定
```

図4.4 方法[6]

4.1.2 コンテンツの構造

コンテンツの構造を決定するには，学習内容のほか，コンテンツを順番にアクセスするのか，ランダムにアクセスするのか，どのような状況（仕事をしながら必要事項を短時間で学習する場合，基本的な概念をじっくりと勉強し自分なりの経験などに基づいてその概念を説明できるようになる場合，ほか）で学習するかなど，いろいろな条件がある。基本的には，初期分析の内容を基に，学習理論に従い，図4.1～図4.4に示す学習順序などに注意して構造を決定する。

何回も同じ授業を繰り返す企業内教育のインストラクタの場合は，毎回，教授戦略，教授順序を少しずつ変えて，よりよい教育方法を作り上げていくことができる。特にコース開発をしてから3回程度同じ教育コースを実施すると，教育方法が固まってくる。教材も，その時点で修正がほぼ終わる。

eラーニングコンテンツの場合も，教授戦略や教育順序を実施結果に従い，常に修正できるとよいのであるが，現時点ではコンテンツの修正は難しい場合が多い。その意味で，最初のコンテンツ構造の決定には，インストラクタ主導のコース開発以上に注意が必要である。

4.1.3 学習理論とコンテンツ構造

コンテンツ構造を考える場合，図4.5に示すような学習法則を考慮する必要がある。構造はモチベーションを維持向上するようにしなければならないのである（もちろん，構造だけでモチベーションを維持向上するわけではなく，チュータらによる学習支援など，いろいろな方法を一緒に計画することが必要である）。

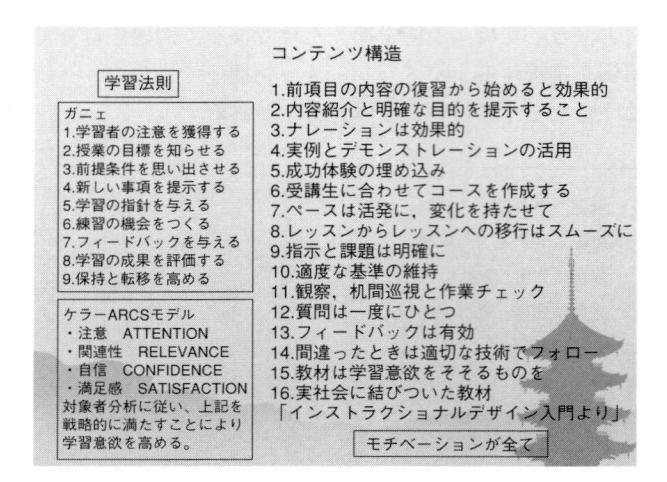

```
              コンテンツ構造
  学習法則    1.前項目の内容の復習から始めると効果的
 ┌ガニェ        2.内容紹介と明確な目的を提示すること
 │1.学習者の注意を獲得する    3.ナレーションは効果的
 │2.授業の目標を知らせる      4.実例とデモンストレーションの活用
 │3.前提条件を思い出させる    5.成功体験の埋め込み
 │4.新しい事項を提示する      6.受講生に合わせてコースを作成する
 │5.学習の指針を与える        7.ペースは活発に、変化を持たせて
 │6.練習の機会をつくる        8.レッスンからレッスンへの移行はスムーズに
 │7.フィードバックを与える    9.指示と課題は明確に
 │8.学習の成果を評価する     10.適度な基準の維持
 │9.保持と転移を高める       11.観察、机間巡視と作業チェック
 ├ケラーARCSモデル          12.質問は一度にひとつ
 │・注意 ATTENTION           13.フィードバックは有効
 │・関連性 RELEVANCE         14.間違ったときは適切な技術でフォロー
 │・自信 CONFIDENCE          15.教材は学習意欲をそそるものを
 │・満足感 SATISFACTION      16.実社会に結びついた教材
 │対象者分析に従い、上記を   「インストラクショナルデザイン入門より」
 │戦略的に満たすことにより
 │学習意欲を高める。          モチベーションが全て
```

図4.5 コンテンツ構造決定時の考慮事項［2003 eラーニングForumインストラクショナルデザイン入門出版記念セミナー資料（内田）］[4]

　学習活動の種類別の学習率（どの程度活用できるようになったか）は，表4.1のようになる。説明を聞いてわかったつもりでいても，実際にやってみたらできなかったという経験は，多くの人が持っていると思う。ディベートのように賛成・反対に分かれて，ある思想や考え方を討論すると，単なる動画で実例を見ただけよりも，いろいろな角度からの考え方がわかり，より深く学習できる。筆者の経験として，わかったつもりで授業を実施していたら，説明の途中で「あれ，こんなときはどうなるんだろう？」と考えて，説明が止まってしまったことがある。また，質問されて，はたと答えに詰まったことも数しれない。考えに考えて，それらに対する回答をみつけたときには，本当に学習の喜びを感じる。より学習率を高めるためには，eラーニングのコンテンツのなかでも，同期型学習やレポートの分担作成など，教え合うことを入れることも検討する必要がある。

表4.1 学習率

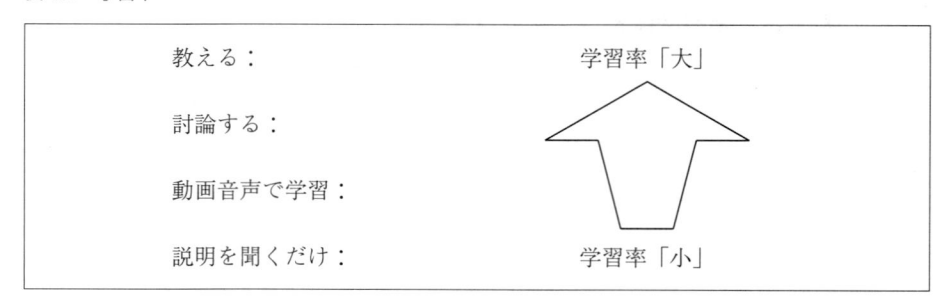

```
  教える：                   学習率「大」
  討論する：                      ↑
  動画音声で学習：                │
  説明を聞くだけ：           学習率「小」
```

このような学習率などを考慮して，表4.2のようなさまざまな学習活動を組み込む必要がある。レポートなどによる学習者自身による学習内容のまとめや実習，練習問題による学習内容活用擬似経験などを検討するのである。

表4.2 学習活動例

1	講義または一方的プレゼンテーション	7	ゲーム
2	講義，反復，対話	8	ロールプレイング
3	講義と議論	9	シミュレーション
4	講義と実演	10	業務遂行支援
5	ガイド学習，自由研究，問題解決	11	協調学習
6	ブレインストーミング	12	ディベート

4.1.4 教育コンテンツデザインマトリクス

コンテンツの構造を考える場合，各学習目標がどのような学習行動で習得されるかを考え，学習者自身や学習者の置かれている状況，文脈（コンテキスト）や学習目標の性質などから，どのような学習構造をとるべきであるかを決定する。そのためのツールとしてデザインマトリクスがある。参考として付録に示す。

4.2 設計事例

4.2.1 教育コース開発計画書事例

以下に教育計画書の例を挙げる。コース設計仕様書（CDS）作成の前に，経営トップなどに教育コース開発の承認を得るためには，教育計画書と予算書が必要である。ここでは，予算書は省略し，教育計画書の例を示す。

システムの教育は，長年継続されて実施されていく。ただし，システムのバージョンアップがあること，いろいろなシステムがあることから，毎年，いくつものコースを開発する必要がある。そのため，おのおののコースは次のようなコース開発計画書を作成し，この計画書に基づき，インストラクショナルデザインの手順に従いコース開発する。

教育しなければならない人員種別は，基幹員，現調員，保守員で，納入台数（納入範囲なども計算）などに従い，育成人員を計算している。

インストラクタがインストラクショナルデザイン業務を実施する。ビデオやコンテンツの企画（シナリオの作成もすることあり）を行い，教育の準備を行う。複数のインストラクタが必要な場合は，ここで指定したインストラクタがインストラクタ養成も行う。

教材は新しく作るだけでなく，機器の付属マニュアルなども利用する。

教育DR（デザインレビュー）とは，設計部署や保守部署，教育部署が集まり，教育内容や現場の要望を検討するものであり，この例では4度計画されている。

なお，教育実施マニュアルは，このような見直しを反映して改定することを最初から計画する。

表4.3 教育計画書例

システム名　H-XXXXXコース開発計画書

1. 機器概要

（1）システム概要

新端末は，xxxxxxネットワークシステム（略称：xx ネット）に組み込まれ，XXXX本支店および取引先に設置して使用されるXX専用端末である。現行のXX端末は，初号機納入後約9年が経過し，老朽化などの問題もあることから全面リプレースが決定し，平成X年8月から納入が展開される。

　（注）XXネットとは，XXXXと外部との間の取り引きを全国規模のネットワークを通じてオンライン処理する決済システムである。業務には，yyyy事務，などがある。

（2）システム構成
- TC：HT－xxxx－1　　端末制御装置
- ST：HT－xxxx－11　スタンドアロン装置
- MT：HT－xxxx－12　モジュール装置
- RO：HT－xxxx－13　プリンタ

システム構成図
（省略）

2. 納入台数・教育人員予測

		X年/上期	X年/下期	Y年/上期	Y年/下期	Z年/上期
納入台数	納入台数	1200	600	400	200	100
	累積台数	1200	1800	2200	2400	2500
教育	基幹員	3				
	現調員	60				
	保守員	120	50	20	20	20

インストラクタと実習機の導入

インストラクタ	投入時期	HX/2	実習機	導　入	■する　□しない
	氏　名	内田			
支社内教育	開始時期	HX/6		利用期間	HZ/下まで(xx営業所に移管)

教育準備

種類		完成目標時期			
教育実施マニュアル	コースカタログ	HX/4	HX/10（Rev.1）		
	カリキュラム	HX/3	HX/10（Rev.1）		
	学習目標表	HX/3	HX/10（Rev.1）		
教育資料	導入編	HX/6			
	一般編				
	保守資料を使用	○			
VTR	現調編	HX/4			
	保守編	HX/10			
eラーニングコンテンツ		HX/12			
︙					
教育DR		HX/4, 9	HX/12	HY/4	

4.2.2 スケジュールとプロジェクト担当者事例

　コース設計仕様書（CDS）に記述されるスケジュールと担当者指定の事例を示す。なお，複数の担当がいる場合は，上位に記述した担当者が責任者となる。

　複雑なプロジェクトとなる場合は，プロジェクトマネージャーをおき，プロジェクト管理ソフトを利用し管理することが望ましい。ここでは，紙面の関係で，エクセルで作成した顧客への提示用に最初に作成したものを示す。

　なお，このスケジュール表は実際のものであるが，名前などはまったくの仮名である。

　コース設計仕様書（CDS）には最低以下の項目が含まれる必要がある。

- スケジュール
- プロジェクトチーム
- メディア仕様
- コンテンツ構造
- バージョン管理計画

　スケジュールでは，図4.6に示すプロジェクトチームメンバの役割（一人で何役かを実施）はだれが果たすか，責任者はだれか，各自が最低一つの責任を分担するなどの考慮を図ること。

表4.4 コンテンツ開発スケジュールと担当者例

	担当	制作物	2001年9月 上	中	下	2001年10月 上	中	下	2001年11月 上	中	下	2001年12月 上	中	下	2002年1月 上	中	下	2002年2月 上	中	下
企画	内田	CDS			■															
画面構成図	内田	コンテンツ構成図				■														
基本デザイン	大沢	テンプレート					■													
シナリオ	加藤	ストーリボード					■													
		ナレーションシナリオ																		
素材作成	品川	CG（責任者）						■	■	■	■									
	吉田	CG						■	■	■	■									
	立川	音声								■										
	香川	テキスト								■										
アニメーション	富山	動画デジタル化							■											
		アニメーション							■											
オーサリング	富山	HTML									■	■								
	村山	SCORM化										■								
ナレーション録音	立川									■										
レビュー	内田							■		■		■								
検査	吉田											■		■						
修正													■							
納品	内田														■					

専任プロジェクトマネージャ：船倉　作成　2001/09/10

```
          プロジェクトチーム
・2〜3人では，真のニーズに応える教育コース（コンテンツ）の開発は不可能

 1. インタラクティブデザイナ，インストラクショナルデザイナ
 2. エディタ
 3. オーサ（教材開発者）
 4. オーディオプロデューサもしくは技術者
 5. グラフィックアーティスト
 6. グラフィックデザイナ
 7. クリエイティブディレクタ
 8. システムエンジニア，アプリケーションデベロッパ
 9. システムデザイナ
10. 実施責任者
11. 内容専門家（SME）
12. スポンサ
13. パフォーマンスアナリスト
14. ビデオ編集者または技術者
15. ビデオプロデューサ
16. 評価の専門家
17. 品質審査員
18. プロジェクトマネージャ，プロジェクトリーダ
```

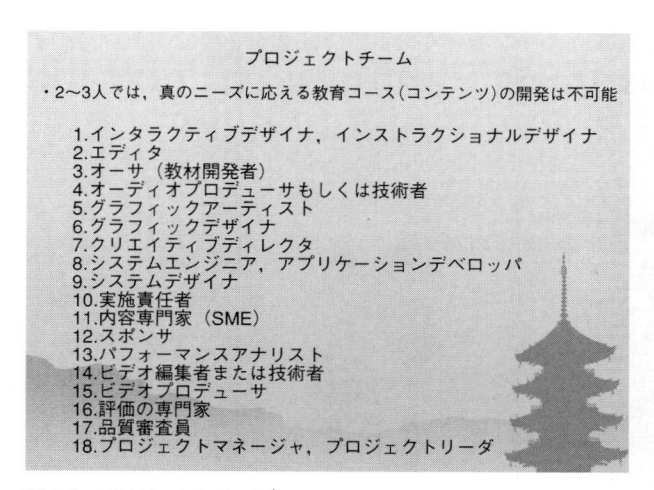

図4.6　プロジェクトチーム[4]

4.2.3　コース構造例

　学習目標をどのような学習活動，学習経験として学習者に提供するかということは，教官の永遠の課題である。前回はうまくいったのに今回はうまくいかなかったなど，受講者のちょっとした違い，環境の微妙な変化によっても結果が違ってしまうことは，多くのインストラクタが経験していることである。

　100%完全に効果的であるコース構造というものは，永遠の課題である。eラーニングにおいては，チュータのような学習支援者をつけても，モチベーションを維持向上して，学習率が高い教育を提供するには，大変な努力が必要である。

（1）順次学習構造例1

　概念や理論，工程が固定の仕事などを学習する場合は，図4.1 方法論や図4.2 学習順序1に示す学習順番を考慮して，順次学習を設計すると教育ニーズを満足させる場合が多い。

　図4.7は，章単位の学習目標を一つのまとまりとして学習する例である。作成したノートの評価をチュータが実施するなどの支援を行うと学習率が上昇する。

　この例では，ネットワークとは何かという概念を学習しているので，詳細学習目標をいくつかまとめて章レベルの学習目標とし，その単位で学習をしている。

　個々の詳細学習項目が独立しているようなスキル学習の場合なら，各スキルごとに学習して確認テストなどを行うことにより，確実に学習ができる。ただし，概念学習の場合で「用語の意味を説明できるようになる」という学習目標のときに，各学習目標である各用語ごとにテスト問題などを実施すると，学習者にはわずらわし

く感じてしまうような場合もあるので注意が必要である。そのような場合は、種類ごとに用語をまとめて、その単位で復習をしたほうが学習者の記憶に残りやすい。

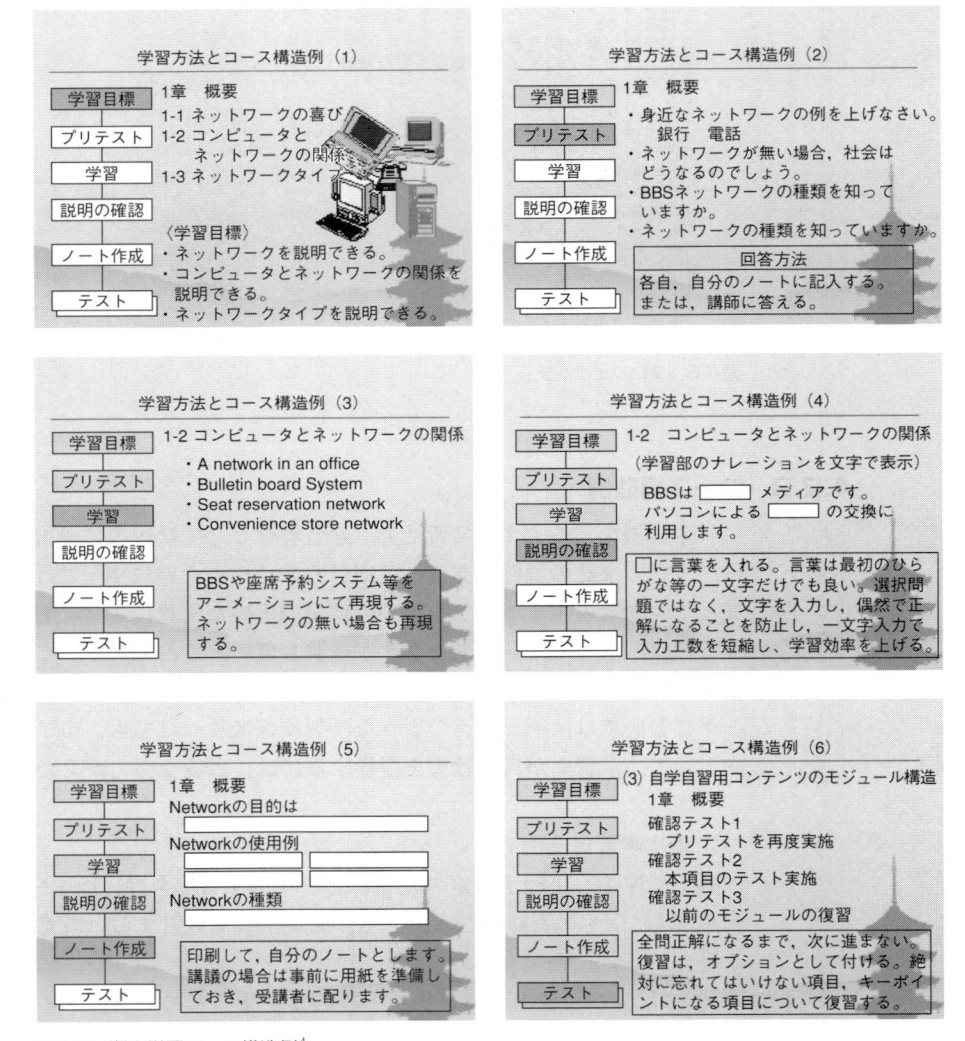

学習方法とコース構造例（1）
- 学習目標
- プリテスト
- 学習
- 説明の確認
- ノート作成
- テスト

1章 概要
1-1 ネットワークの喜び
1-2 コンピュータとネットワークの関係
1-3 ネットワークタイプ

〈学習目標〉
・ネットワークを説明できる。
・コンピュータとネットワークの関係を説明できる。
・ネットワークタイプを説明できる。

学習方法とコース構造例（2）
- 学習目標
- プリテスト
- 学習
- 説明の確認
- ノート作成
- テスト

1章 概要
・身近なネットワークの例を上げなさい。
　銀行　電話
・ネットワークが無い場合、社会はどうなるのでしょう。
・BBSネットワークの種類を知っていますか。
・ネットワークの種類を知っていますか。

回答方法
各自、自分のノートに記入する。
または、講師に答える。

学習方法とコース構造例（3）
- 学習目標
- プリテスト
- 学習
- 説明の確認
- ノート作成
- テスト

1-2 コンピュータとネットワークの関係
・A network in an office
・Bulletin board System
・Seat reservation network
・Convenience store network

BBSや座席予約システム等をアニメーションにて再現する。ネットワークの無い場合も再現する。

学習方法とコース構造例（4）
- 学習目標
- プリテスト
- 学習
- 説明の確認
- ノート作成
- テスト

1-2　コンピュータとネットワークの関係
（学習部のナレーションを文字で表示）
BBSは□メディアです。
パソコンによる□の交換に利用します。

□に言葉を入れる。言葉は最初のひらがな等の一文字だけでも良い。選択問題ではなく、文字を入力し、偶然で正解になることを防止し、一文字入力で入力工数を短縮し、学習効率を上げる。

学習方法とコース構造例（5）
- 学習目標
- プリテスト
- 学習
- 説明の確認
- ノート作成
- テスト

1章 概要
Networkの目的は
Networkの使用例
Networkの種類

印刷して、自分のノートとします。講義の場合は事前に用紙を準備しておき、受講者に配ります。

学習方法とコース構造例（6）
- 学習目標
- プリテスト
- 学習
- 説明の確認
- ノート作成
- テスト

(3) 自学自習用コンテンツのモジュール構造
1章 概要
確認テスト1
　プリテストを再度実施
確認テスト2
　本項目のテスト実施
確認テスト3
　以前のモジュールの復習

全問正解になるまで、次に進まない。復習は、オプションとして付ける。絶対に忘れてはいけない項目、キーポイントになる項目について復習する。

図4.7　順次学習コース構造例[4]

(2) 順次学習コース構造例2 -------- SCORM1.2対応 LMS利用事例

SCORM1.2対応LMSでは基本的に順次学習が基本である。目次や次ページ、前ページなどの機能はシステムが提供する。コンテンツはその機能内で作成される（SCORM2004では、遷移状態をコンテンツでコントロールできる。そのため、学

習者の回答や回答者自身の意思で学習順序を変えることができる。学習順序制御のアルゴリズムを作らないと，機能はあってもこのような順次学習する構造しか作れないであろう。もちろん，このような順次学習タイプも適切な学習者に適切に使えばすばらしい効果を得ることができるはずである）。

〈表紙〉
ID基本コース
動画，アニメ
著作権表示
ナレ表示　学習目標

ARCSモデルのアテンションとリレーションになるもの。学習内容に興味を持ち，自分にも関係あると思わすような動画など。

動画などの停止，再実行，スキップなど。

〈目次〉
LMSシステムが自動表示

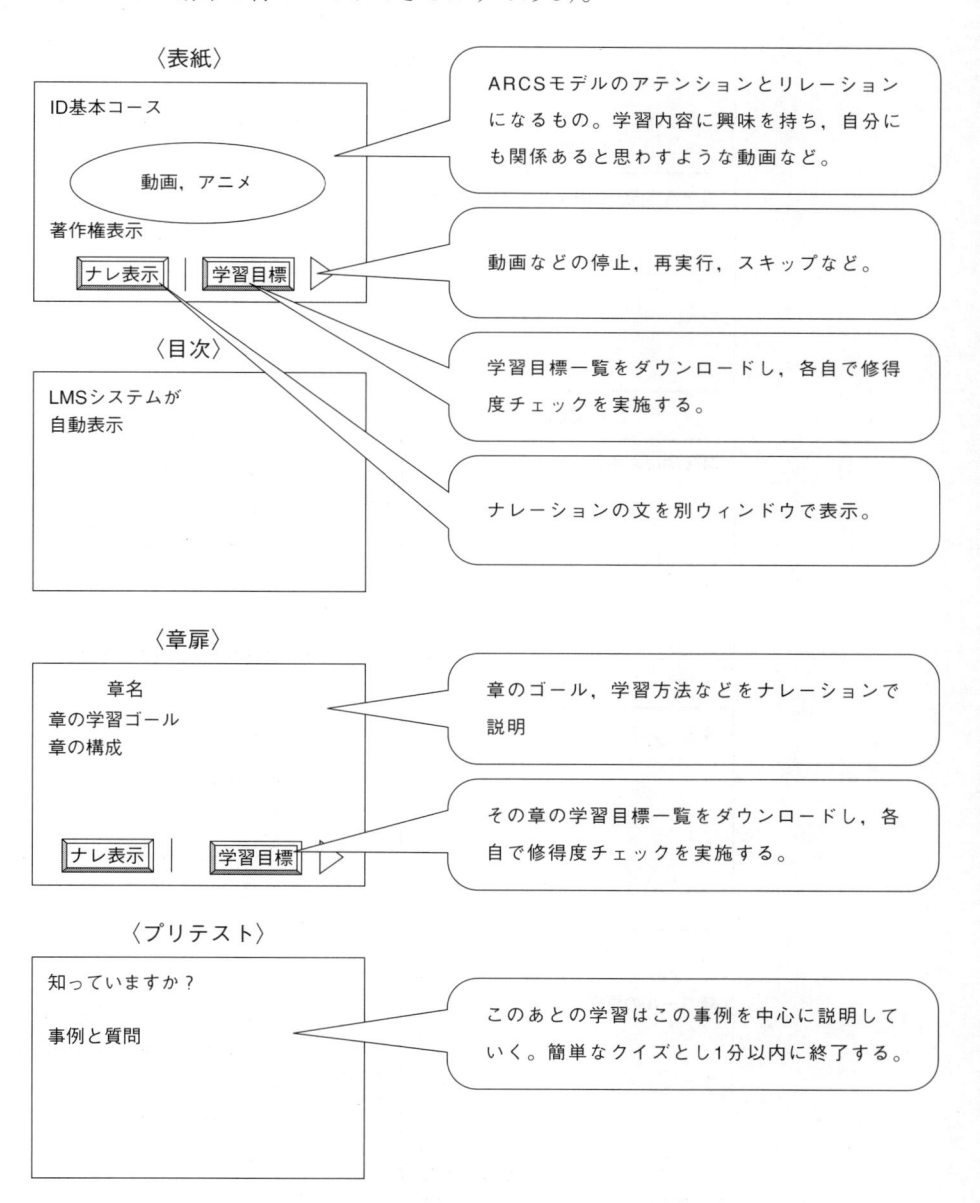

学習目標一覧をダウンロードし，各自で修得度チェックを実施する。

ナレーションの文を別ウィンドウで表示。

〈章扉〉
章名
章の学習ゴール
章の構成
ナレ表示　学習目標

章のゴール，学習方法などをナレーションで説明

その章の学習目標一覧をダウンロードし，各自で修得度チェックを実施する。

〈プリテスト〉
知っていますか？
事例と質問

このあとの学習はこの事例を中心に説明していく。簡単なクイズとし1分以内に終了する。

図4.8　コンテンツ構造

4 設計

〈説明1〉

| チャンクごとに説明 |

→ 学習目標をチャンクに分解して説明する。複数の学習目標が一つのチャンクになることもある。
その構造から、節や項と位置付ける。
キーワードやトピックは別ウィンドに表示する。

〈説明2〉

| 異なる方向、事例などから再度説明 |

〈実施〉

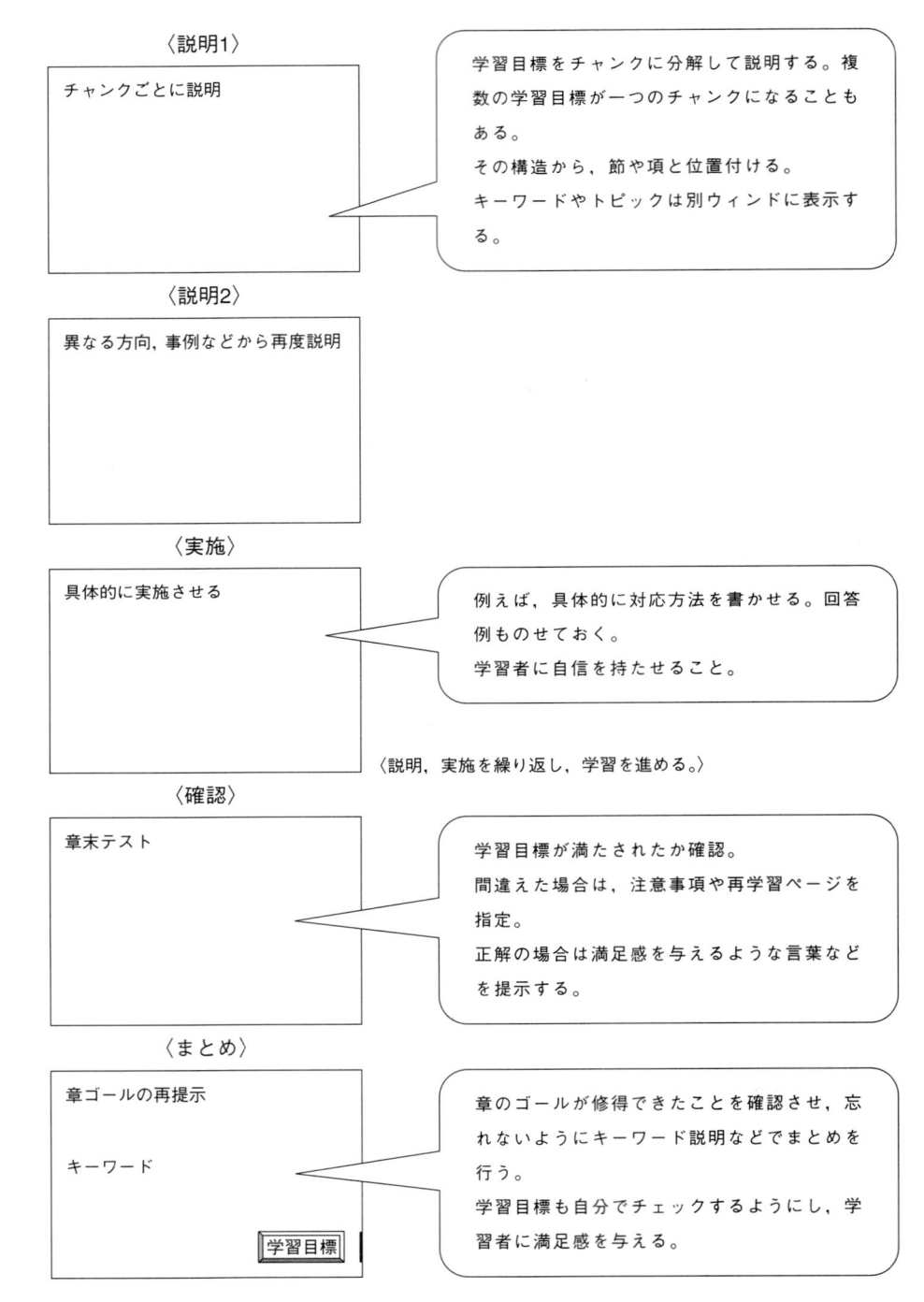

| 具体的に実施させる |

→ 例えば、具体的に対応方法を書かせる。回答例ものせておく。
学習者に自信を持たせること。

〈説明、実施を繰り返し、学習を進める。〉

〈確認〉

| 章末テスト |

→ 学習目標が満たされたか確認。
間違えた場合は、注意事項や再学習ページを指定。
正解の場合は満足感を与えるような言葉などを提示する。

〈まとめ〉

| 章ゴールの再提示
キーワード
[学習目標] |

→ 章のゴールが修得できたことを確認させ、忘れないようにキーワード説明などでまとめを行う。
学習目標も自分でチェックするようにし、学習者に満足感を与える。

図4.8（つづき）

(3) 学習とマニュアルと書類の連携

作業マニュアルがそろっており，そのマニュアルを使いながら実際の仕事を進める必要がある場合，マニュアルすべての内容を入れた教育コンテンツを新規に作成するのでは，教育コース開発に工数がかかりすぎる。

ただし，作業マニュアルがわかりにくい場合，それをわかるように教育する必要はない。その場合はわかりやすい作業マニュアルを作り直す必要があるのである。わかりやすい作業マニュアルになれば，教育をしなくてもよいかもしれないし，教育をするにしてもマニュアルのEPSS（Electric Performance Support System）化などで，教育に必要な時間を少なくできるかもしれない。

この例は，すばらしい作業マニュアルはあるが，作業が複雑で新しい概念もあり，別途学習をしないと作業ができない場合の例である（この例でも，作業マニュアルをすべてEPSS化することを検討したが，作業場所や作業者自身にEPSSの活用ができるような基盤がなかったので，このような構造とした）。

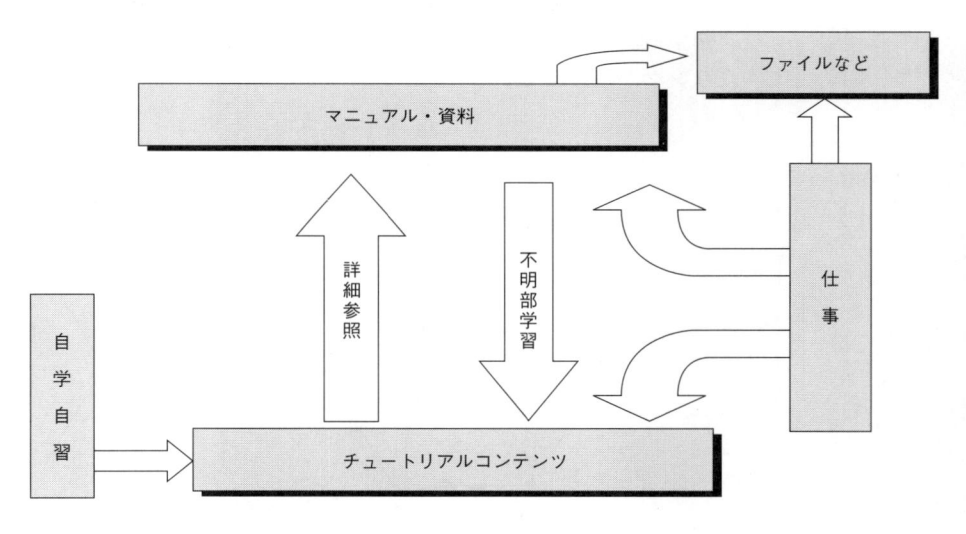

図4.9　学習とマニュアルと書類の連携の機能構成

既存のマニュアル・資料をデジタル化し，索引をつけて，作業をするときや学習するときに，どこからでも簡単にアクセスできるようにした。単なるデジタル化ではあるが，作業時に必要箇所をマニュアルから探し出す時間が数分の一になった。

マニュアルに，作業に使う帳票ファイルやプログラムとのリンクを張って，マニュアルを見ることと仕事を直接結びつけた。もちろん，いままでどおり帳票ファイルなどを直接開くこともできる。

マニュアルを見ていて具体的にどうすればよいかわからない場合は，やり方を教

えてくれるチュートリアルのコンテンツを開けるようになっている。例えば、マニュアルに「先端部分を治具を使って0.3mmに調整する」とあり、一応調整方法の図も書いてある場合で、実際にはうまく調整できないとする。その場合には、マニュアルの調整方法の部分に張ってあるリンクをクリックするとチュートリアルのコンテンツが開き、実際の調整作業の動画が、調整のコツの説明付きで表示される。

　新人など、その作業の概念や理論も含めて体系的に学習する必要がある人は、自学自習でチュートリアルコンテンツを初めから順に学習すると、全体を学習することができる。なお、この方法で学習し、仕事中にわからない部分のチュートリアルコンテンツを呼び出した場合、思い出すだけでよいのですぐに仕事に戻ることができるという利点もある。

　図4.10にこの事例のポータル画面を示す。学習の部屋、マニュアルの部屋、仕事の部屋のほか、作業能力の評価をする自己テストの部屋もある。秘書の部屋は、このポータル画面そのものの使い方や、必要の場合は最新ニュースや指示などとリンクを張る。各部屋をクリックするとその中に入れる。また、各部屋からほかの部屋にリンクが張られている。

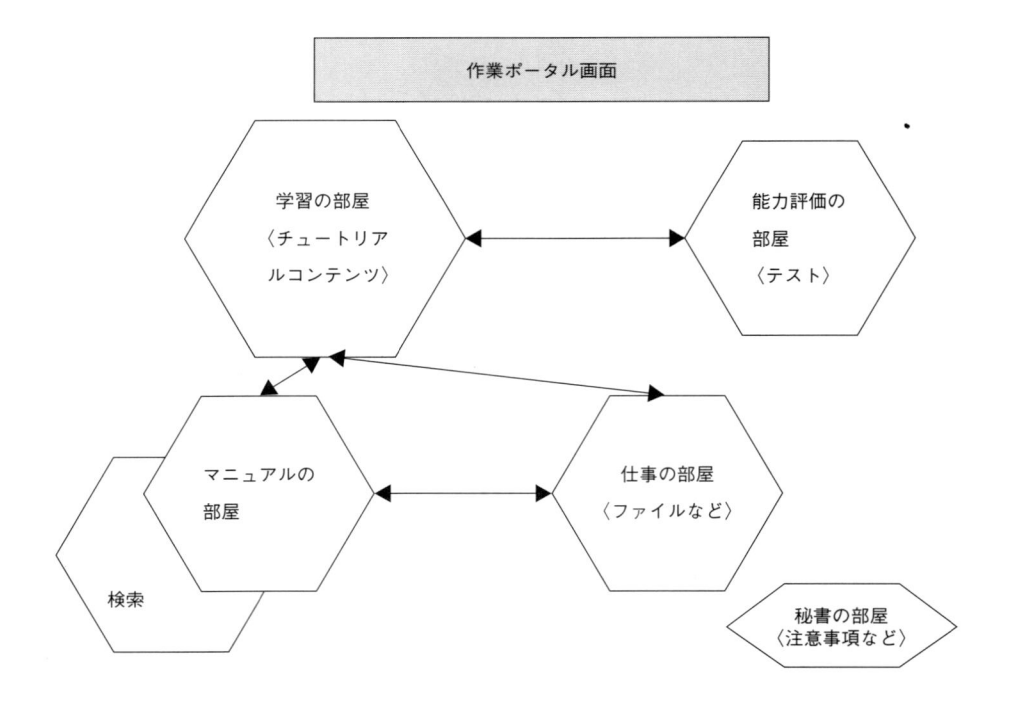

図4.10　作業，学習画面

（4）販売から，導入教育，アフターサービスまで

　コンピュータを組み込んだ製品やシステムについては，販売から顧客への導入教育・アフターサービスまで，すべてを一貫してサポートするコンテンツを製品開発時に行い，製品に組み込むことにより販売の促進になる。さらに顧客への導入教育の工数の削減と顧客サポートの削減，障害発生時などのすばやい対応ができるようになってくる（図4.11参照）。

　本コンテンツは，製品に組み込まれるほか，営業員のパソコンにも入れることができる。

　営業員はプロモーションビデオで顧客トップを引きつけることができる。さらに担当者には機器仕様をコンテンツで効果的に提示し，具体的な使用方法として，機器設定方法と使用方法の一部を使って説明できる。

　顧客への導入教育は，機器設定方法，使用方法を顧客自身で学習してもらうことにより，手間をかけずに実施できる。

　顧客は，使用方法がわからない場合，機器に入っているこのコンテンツを使って確認できる。また，機器というものは壊れるものである。簡単な障害が起こったときは，障害対策方法を動画で見ることにより，顧客自身で対応することができる。製造元の障害対策フォローなどのアフターサービスの工数を大幅に減らすことが可能である。

　このコンテンツの対象製品は価格が高い。低価格製品へのこのようなコンテンツの組み込みは，コンテンツの制作方法や内容などを検討しないと難しいと考える。なお，このコンテンツについては，対象製品の製造会社とエンドユーザの両方から好評を得た。

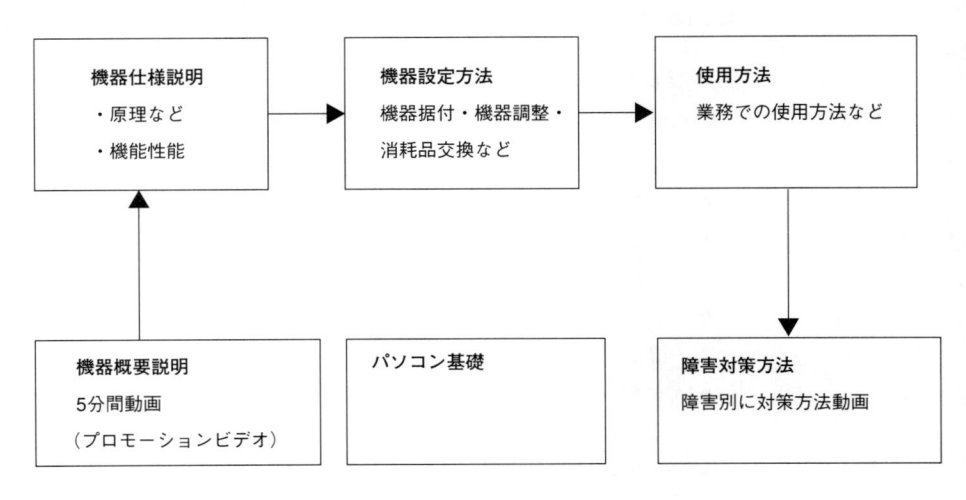

図4.11　販売から，導入教育，アフターサービスまで含むコンテンツ

(5) EPSS（Electric Performance Support System）

業務支援型学習をサポートするEPSSタイプコンテンツの一般的な画面構成例を図4.12に示す。

業務フローが決定している場合は，業務フローが見える状態にし，必要な部分をクリックするとその説明を動画などで確認できる。いろいろな業種における稟議業務のEPSSとして提供し，好評を得ている。

業務が複雑な場合は，マトリクス型があっている。なお，マトリクスの先を業務フローにすることもできる。

業務が規則や事象ごとに異なる場合は，検索型が有効な場合もある。ただし，検索型は業務全体が見えないと困るような場合は不適切である。

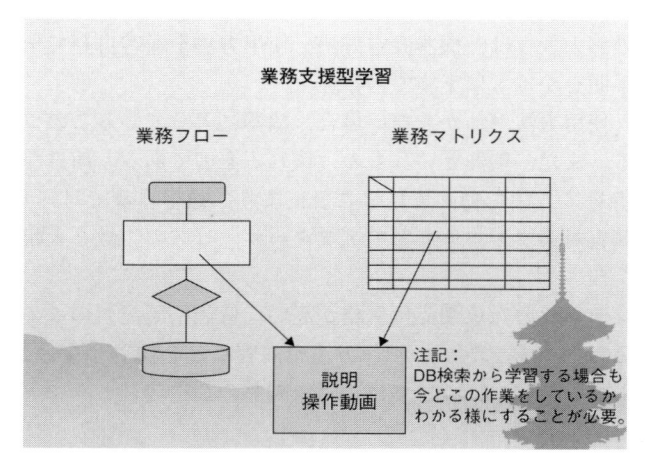

図4.12 業務支援方学習（EPSS）構造例

(6) ブレンドラーニング事例

図4.13にインストラクショナルデザイナ育成用のブレンディング学習の事例を示す。このカリキュラムは，以下を検討して完成させた。

- eラーニングの効果を向上する方法として，メンタリングを導入する
- 単純に学習するだけでなく，学習したことを身につけさせるためレポートを作成させる
- レポート内容については，掲示板などを利用し，学習者が相互に意見交換や協調学習ができるようにする
- 学習内容の定着を図り，インストラクタや受講者同士の意見交換をするために集合教育を行う
- 対象者である日本企業人事部の人員の学習時間などを考慮し，1か月以内で学習が修了するように計画する

4.2 設計事例

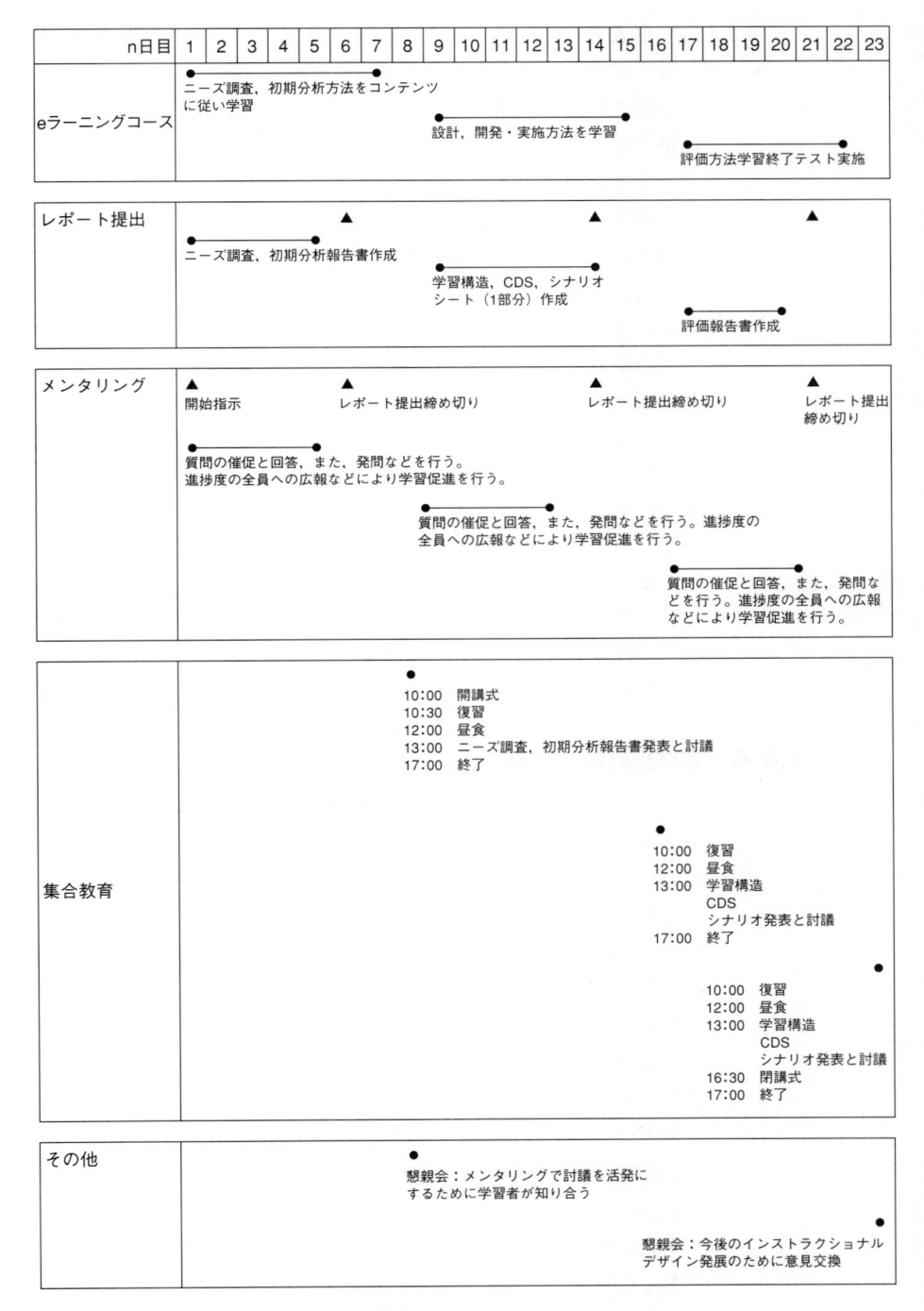

	n日目	1	2	3	4	5	6	7	8	9	10	11	12	13	14	15	16	17	18	19	20	21	22	23

eラーニングコース
- ●━━━━━━━● ニーズ調査，初期分析方法をコンテンツに従い学習
- ●━━━━━━━● 設計，開発・実施方法を学習
- ●━━━━● 評価方法学習終了テスト実施

レポート提出
- ●━━━▲ ニーズ調査，初期分析報告書作成
- ●━━▲ 学習構造，CDS，シナリオシート（1部分）作成
- ●━━▲ 評価報告書作成

メンタリング
- ▲ 開始指示
- ▲ レポート提出締め切り
- ▲ レポート提出締め切り
- ▲ レポート提出締め切り
- 質問の催促と回答，また，発問などを行う。進捗度の全員への広報などにより学習促進を行う。
- 質問の催促と回答，また，発問などを行う。進捗度の全員への広報などにより学習促進を行う。
- 質問の催促と回答，また，発問などを行う。進捗度の全員への広報などにより学習促進を行う。

集合教育
- ● 10:00 開講式
  10:30 復習
  12:00 昼食
  13:00 ニーズ調査，初期分析報告書発表と討議
  17:00 終了
- ● 10:00 復習
  12:00 昼食
  13:00 学習構造
       CDS
       シナリオ発表と討議
  17:00 終了
- ● 10:00 復習
  12:00 昼食
  13:00 学習構造
       CDS
       シナリオ発表と討議
  16:30 閉講式
  17:00 終了

その他
- ● 懇親会：メンタリングで討議を活発にするために学習者が知り合う
- ● 懇親会：今後のインストラクショナルデザイン発展のために意見交換

図4.13 インストラクショナルデザイナ育成ブレンディング学習カリキュラム

(7) 学習者に学習のコントロールを渡す例

電子機器の回路教育のために，音声テープによる教育コンテンツを制作した。紙で提供された回路図を見ながら音声テープを聞くことにより学習する。生徒は，色鉛筆などで回路図にマークやコメントを書きながら学習する。終了時は自分だけのノートとなった回路図が残る。

この場合，音声のスピードを変更できるテープレコーダを準備して学習をさせた。平均では 1.5 倍くらいのスピードで学習していたが，速い人は 2 倍で聞いていた。速く聞いたからといって成績が悪いわけではなかった。統計はとらなかったが，速い人の方が成績が良いような感触を得た。

この結果，学習時間の短縮という効果が得られた。

それだけではなく，自分で学習スピードをコントロールできることにより，学習意欲の持続を図ることができ，学習者の評価は良かった。

学習者によりナレーションやアニメーションなどのスピードを自由に変更できるようにすると，学習者のモチベーション維持に役立つのではないかと考える。マイクロソフトのメディアプレーヤ 9 には，音声のスピードを変更して再生する機能があるが，コンテンツのなかでは，うまくスピードをコントロールする機能が現在はない。この本が出版されるころには，学習コンテンツのスピードを学習者が自由に変えられるようになっていればよいと思っている（ここで使用した製品名はすべて，マイクロソフト株式会社の商標）。

4.2.4 素材設計の注意点

ナレーションの文章が延々と画面上に流れている場合がある。例えば画面の 1/3 がナレーションの文章になっており，ナレーションにあわせて文章がスクロールしていくのである。

文章の読み方の教育などの場合は，有効な場合もあると考えるが，一般的には表 4.3 に示すように，画面にはキーワードを示し，説明している内容のイメージを図示すると効果が高い。

ただし，モチベーションが高い場合は，自分でイメージを考えながら読むことが，大きな効果となる場合がある。教育内容や受講者分析などに従いテキストの使用方法を決める必要がある。

表示については，映画の日本語字幕が最大 13 文字，2 行までであることも参考になる。目が疲れないようなバック（白系）に，濃紺系統の文字であればコントラストがはっきりして見やすく，疲れも少ない。

画面全体が高輝度で点滅しているようなところで文字を読ませたりすると，気分が悪くなることも発生する。このようなコンテンツを作ると，傷害で訴えられることも考えられるので注意が必要である。

表4.5 文字

- キーワード＋ナレーションで効果大
- モチベーションが高いときは長文テキストも効果大
  （動画などはわかりやすいが通り過ぎるだけ）
- 目が疲れる
- 読み取りスピードは紙の3/4
- 利用方法に合わせて，文字の大きさなど決定
- 映画の字幕は最大13文字，2行まで

　学習において図や写真は強力な素材である。しかし，詳細すぎて全体のどこのことかわからないことも発生する。対策の一つは，階層構造的に表示することである。詳細に書かれた図やアニメーションはインパクトが強いが，詳細すぎて何を学習するかわからなくなることがある。制作コストを抑え，学習目標が確実に学習できる図にすべきである。教師が黒板上に描く図は，デザイナが描くようなきれいで詳細の図ではなく下手な絵であっても，必要項目だけが描かれており学習には最適なことが多い。

　静止画を先に提示すると，それが何であるかを考えさせることができる場合がある。説明を先に提示すると，どんなものかを想像させることができる場合がある。説明と図を同時に提示すると，学習に必要な時間は短くなるが，単なる情報提示になり，教育活動にはならない場合がある（このような単なる情報提示型コンテンツが多いと感じているのは筆者だけだろうか）。

表4.6 図，写真の順序

- 階層構造（全体，位置，詳細）
- 静止画を先に提示
- 説明を先
- 説明と図を同時

4.3 課題

　既存の教科書をそのままデジタル化しただけでは，eラーニングコンテンツではないといわれている。たしかに，文字ばかり多くて静止画がついているだけのコンテンツでは，学習する気が起きるとは思えない。

　学習の状況と学習内容のマトリクスを作り，どのように既存教科書をeラーニン

グコンテンツ化していけばよいかを記述してみるとよい。

　マトリクスはいくつもの種類ができてよい。実際の教育コース開発の場合には，そのマトリクスの中から必要なものを選択して使用したり，新しいマトリクスを作って利用することができる。ここでは，マトリクスを最低一つ作ってみればよい。

5 開　発

　設計段階でコース設計仕様書を作成し，スケジュールや教材構造やメディアの仕様などが決定した。開発段階では，具体的なコンテンツのシナリオであるストーリーボードを作成しなければならない。そのストーリーボードに従い，素材を作り，それを組み合わせて（オーサリング）教材とし，コース設計仕様書とストーリーボードどおりに作成されているかどうかを検査し開発は終了する。

　コース設計仕様書は基本設計であり，ストーリーボードは，詳細設計書である。この詳細設計をすることは，分析データに基づき，学習者の学習行動を企画することである。学習理論やインストラクタ経験などが非常に強く要求される部分である。教材開発，それを利用した教育の実施，教育結果による教材の改定と教育方法の改定を何度も実施した経験者をプロジェクトに入れて対応することが望ましい。無理な場合は，過去のコンテンツ企画制作実施の事例を調査するなどして対応する必要がある。本書がその一助になれば幸いである。

　なお，ストーリーボードを作成した時点で，初期分析の結果と比較し，ニーズに対応した学習が保証できることを確認しておく必要がある。また，内容の専門家に間違いがないかどうか確認してもらう必要がある。

　コンテンツベンダーに制作を依頼する場合は，ストーリーボードを確定してから素材などの作成に取りかからないと，手戻りが多く，開発を失敗する場合があるので注意が必要である。

5.1 ストーリーボードはインストラクショナルデザイナが作成する

　ストーリーボードの作成とは，コース設計仕様書で決定した構造に従い，初期分析で決定した各学習目標を具体的な学習活動（説明を聞く，行ってみる）として設計することである。

　学校教育では，学習指導要綱がコース設計仕様書にあたる。例えば，分数とは何かを学習させる項目が学習指導要綱にあった場合，学習指導計画として，ある教師はガラス製の目盛り付き大ビーカー1個，小ビーカー10個，4リットルボトル入り水を準備して，生徒に分数を理解させ，計算できるようにするであろう。またある教師は，大きなケーキとナイフを準備して分数の意味を説明しようと計画するであろう。これは，自分の担当する生徒の分析，現在使用できる教材や費用などを検討し，教育学的に一番適当と考えられる方法を計画するのである。生徒は，その計画された学習活動として，水をビーカーに分けて入れる，ケーキを切るなどを行う。そしてその意味を皆で討論するという学習活動を経験するのである。この学習指導計画がインストラクショナルデザインではストーリーボードにあたるが，これが面白くなかったり学習者にあっていなかったりすると，分析がどんなに良くできていても，良い学習効果は得られない。

　ストーリーボードを作成するには，学習設計の面からインストラクショナルデザイナが参加し，内容の専門家（SME）が情報の提供と内容の誤謬のチェックを行い，インストラクショナルデザイナやインストラクタ経験者が効果的な学習活動を設計する。そのうえでテクニカルライティングの技術と学習活動の知識のあるストーリーボードライターが最終的にストーリーボードを記述することが望ましい。

　しかし，現実問題として，ストーリーボードライターはほとんどいない。また，これだけの人が集まり，ストーリーボードを書くことは費用などの問題で不可能に近い。ストーリーボードは，学習とは何かを理解し，ニーズを理解し，学習項目を理解しているインストラクショナルデザイナが記述するか，インストラクショナルデザイナの指示のもとに，マニュアル作成などの経験のあるテクニカルライターが作成することが現実的な解決策だと考える。なお，筆者の場合は，自分でストーリーボードを書く場合もあるが，業務が逼迫している場合は，テクニカルライターに作成方針などを詳しく伝え記述してもらっている。特定のテクニカルライターに何度も担当してもらうと，そのテクニカルライターは学習活動などを理解し，学習目標を見てほとんど自分だけでストーリーボードを書くことができるようになる。つまり，ストーリーボードライターが育成できたことになる。また，ストーリーボードライターになった後は学習目標分析などについても手伝えるようになり，インストラクショナルデザイナにも育っていくのである。

5.1 ストーリーボードはインストラクショナルデザイナが作成する

しかし日本では，インストラクショナルデザイナがストーリーボードを記述すべきなのに，SMEがストーリーボードを記述する場合が多い。内容の専門家がストーリーボードを記述すると，表5.1のような問題がある。もちろん，内容の専門家がインストラクショナルデザインの専門家でもある場合は，ストーリーボードを書くことに何の問題もない。SMEがストーリーボードを記述する場合は，インストラクショナルデザインを学習してからにすべきである。

表5.1　SMEのストーリーボード記述の問題点

・SMEは，学習の対象そのものの専門家であり，学習設計の専門家ではない。
・初期分析に基づきストーリーボードを作成する技術がない。学習構造などの分析結果が生かされなくなる。
・SMEの得意な部分が中心の教材となる。
・内容レベルは，学習者の要求するレベルではなく，SMEのレベルになる。
・一般の人には不必要な，些細な，または，めったに発生しないことまで教育に含まれる（学習者の10%以下の人しか体験することがない，年に1回程度しか発生しない，そして，どうすればよいかは発生したときに学習すればよい項目）。

　筆者の経験でも，ストーリーボードを学習者レベルにあわせて作成したが，SMEが，誤謬をチェックするのではなく，詳細の項目の追加ばかりを行い，一つの学習目標の説明が延々と続き，学習者が飽きてしまうとともに，学習者が自分にはそんなことまでは関係ないと感じるようなものになってしまった例がある（追加詳細項目は，いろいろな条件が発生したときの特別な対応方法についてであり，実際の業務のなかでまれに必要になる場合もあるが，全員が実施することでもない内容が多かった）。
　初期分析のタスク分析，学習目標分析の時点で，SMEと共同してしっかりと分析していれば，このようなことは防げる。上記の例では，分析時にSMEが不在で協力が得られず，ストーリーボードのチェックの時点でそれ以前の活動を知らずに参加してきたことにより，このようなことが発生した。

　日本でSMEがストーリーボードを書くことが多いのは，表5.2のような原因があるからだと思われる。昔の教育はSMEが実施していたのであり，内容を知っていればだれでも教育ができると思われていた。このようなことは改善していかなければならないと考える。

表5.2　日本で内容の専門家（SME）がストーリーボードを作る原因

・インストラクショナルデザイナがいない。教育はだれでもできると思っている（たしかに，教育はだれでもできる。しかし，時代が要求している「効果的な教育を効率的に提供する」にはインストラクショナルデザイナが必要である）。

- 教育ベンダーにストーリーボードを書ける人間がいない。顧客の要求する専門知識がないのは当たり前と考えて，専門知識の情報を受け取って教育の専門家としてコンテンツの詳細設計をすることから逃げている。ストーリーボードを書けるインストラクショナルデザイナやストーリーボードライターのいないベンダーに教育コース開発を発注するべきではない。そのようなベンダーには「コンテンツ制作」のみを発注する。筆者の経験では，筆者のところで教育コースを開発し，次の機会には諸般の事情で他社にコース開発を依頼し，ストーリーボードができず，非常に困ったという例を聞いている。
- 学習ニーズや学習方法を分析するという歴史がない。知っていることをただ伝えればよいと思っている。
- SMEのやることを盗むことが学習であるという歴史がある（これはこれで意味があるとは思うが）。
- SMEが教え方がうまい下手は関係なく教育を行う習慣である。

5.2 学習目標項目の具体化事例

　コース設計仕様書で決定した構造に従い，初期分析で決定した各学習目標を具体的な学習活動（説明を聞く，行ってみるなど）として設計するとは，どのように実施するのであろうか。

　具体的な事例としてインストラクショナルデザイン業務のストーリーボード作成関連の学習目標を表5.3に示す。

表5.3　ストーリーボード作成関連学習目標

目標番号	学習目標名	学習領域	レベル	要素				
				対象	状況	制約他	行為動詞	習得能力
5-1	ストーリーボードの作成概要	認知	教授伝達	ストーリーボードを	ストーリーボードテンプレートを利用し	わかりやすく	具体例を示し	説明できる
5-1-1	チャンク	認知	問題解決	学習目標（レッスン目標）を	学習理論などを心にとめながら	学習の最小単位（一度に学習が知覚認識できる最小単位であるチャンク）または，1フレームに入れられる単位に	分割の具体例を示し	分割できる

5-1-2	チャンクの構造化	認知	問題解決	学習の最小単位を	学習理論等を心にとめながら	提示順，提示方法，アクセス方法などを含めて	図示，または，表示し	記述できる
5-1-3	ストーリーボード記述	認知	問題解決	各学習の最小単位を	ストーリーボードテンプレートの1ページに	画面表示，説明文，ナレーション，動作指定などのほか，学習目標番号やフレーム番号などの情報，バージョン管理のための情報なども含めて	具体例を示し	記述できる
5-1-4	ストーリーボードレビュー	情意	個性化	ストーリーボードを	ストーリーボードを関係者全員に配布し	事前に各自から意見を提出させるなど，短時間でできるように工夫して	レビュー議事録例を示し	関係者全員でレビュー，評価できる

表5.3の5-1-1の学習目標を最終学習目標とレッスン目標に分けると次のようになる。

表5.4 5-1-1最終学習目標

学習目標（レッスン目標）を，学習理論などを心にとめながら，学習の最小単位（一度に学習が知覚認識できる最小単位であるチャンク）または，1フレームに入れられる単位に分割できる。

表5.5 5-1-1レッスン目標

学習目標（レッスン目標）を，学習理論などを心にとめながら，学習の最小単位（一度に学習が知覚認識できる最小単位であるチャンク）または，1フレームに入れられる単位に分割する具体例を示す。

最終学習目標が学習終了時についている能力であり，レッスン目標が学習で実施する学習行動である。

さて，この目標をどのようにストーリーボードにすればよいのであろうか。

一般的に，次の手順で目標を分析してストーリーボードの内容を決定していく。

①この目標は一つのチャンクにするか，いくつかに分割するか，またはいくつかの目標をまとめて一つのチャンクにするかを考える。学習対象者の経験を検討して決定する。例えば，ストーリーボードの作成経験がある人が教育対象ならば，ストーリーボード作成という一つのチャンクにまとめてよい。

②設計時に検討した学習活動（表4.2 学習活動例参照）チャンクでは，どのように実現するか決定する。ストーリーボード作成経験がない人が対象ならば，チャンクの意味の説明，チャンクの具体例，分割の規則や学習理論，分割事例とその説明，事例を提示しての分割シミュレーション，作成練習課題（レポート提出）などに分ける。なお，学習にかける時間など，総合的に考えてチャンクに分割する。

③この目標は設計の章の図4.1 方法論の中の帰納的学習方法をとっているので，具体例を集める。SMEから，複数の具体例を提供してもらう。その具体例が学習に適当かどうかを，ニーズ調査結果，対象者分析などの初期分析結果から判断して選択する。

④説明やシミュレーションなどによる実習の順番（図4.2 学習順序1参照）をどうするかを決定する。

⑤各チャンクをストーリーボードに記述するときに，設計のコンテンツ構造決定時に考慮した（図4.5 コンテンツ構造決定時の考慮事項参照）モチベーション維持向上などを図る学習理論項目を，具体的にどのようにストーリーボードに入れるか考える。

⑥表3.1 対象者分析情報に合わせた言語や説明手法でストーリーボードを記述する。

このような手順を単に読むと，初心者の人には非常に難しく感じるであろうが，実際にストーリーボード記述をインストラクショナルデザイナが実施すると，それ以前の分析などが自然に頭に浮かんできて，このような手順を意識しなくても自然と書けるものである。

なお初心者の人は，内容の専門家，深い経験のあるインストラクショナルデザイナ，テクニカルライター，教育実施経験者らを集めて，ブレインストーミングなどで各自からアイデアをもらい，それに基づいて書くようにするとよい。

5.3 ストーリーボード事例

　　　　ストーリーボードの事例として，千葉大学園芸学部 飯本教授の「生命科学」講座の一部をeラーニングコンテンツとして開発したときの関連情報を提示する。
　　表5.6に，コンテンツ開発の概要を示す。サーバに教育コースの一部を公開し，生徒だけでなく，一般の教育も行う計画であった。

表5.6　千葉大学園芸学部 飯本教授「生命科学」コンテンツ開発企画概要

1.	目的
	環境と生物，電磁界と生物，バイオ電磁工学の基礎と利用方法について，WEB上で自学自習できることを目的に，WWWサーバ上にのせられる教材を制作する。
2.	概要
	① 対象者 　　学生，一般（一般にも公開する）
	② 使用時期 　・本年度の環境や電磁界と生物の事前学習教材とする。 　・平成○○年○月より使用
	③ 使用方法 　　千葉大ホームページよりアクセスする。 　　授業のなかでプロジェクタで提示し，質問は先生が受ける（2単元）。 　　本学習が終了後，実習/実験，試験などを行う。
	④ 実行形態 　　一般公開を考え，ホームページとして開示，学習管理などは行わない。 　　ホームページからアクセス。64kbps程度以上の回線があることを前提とする。

　　具体的な教材の構造の一部を表5.7に示す。学習目標分析結果を項目別に章節項に分類した。

表5.7　教材構造（一部）

章	大分類	節	中分類	項	小分類	No.	細分類
bio_top	topページ						
bio_target	学習目標						
bio_contents	目次						
1章	環境と生物						
		1-1	気象環境				
				1-1-1	大気大循環		
				1-1-2	総観気象		
				1-1-3	局地気象		

			1-1-4	微気象		
		1-2	環境問題			
			1-2-1	地球温暖化		
			1-2-2	環境ホルモン		
			1-2-3	オゾン層の破壊		
			1-2-4	放射能汚染・被爆		
			1-2-5	酸性雨		
			1-2-6	森林破壊・減少		
			1-2-7	エネルギー消費と環境問題		
			1-2-8	地球環境問題の相関関係		
		1-3	動物行動の不思議			
			1-3-1	長距離渡り鳥の経路		

次に，制作者など関係者全員にわかるように，各画面の内容を表5.8のように記述した。

表5.8 画面内容（一部）

小節項	項目名	画面内容
bio_top	topページ	地球，花，アンテナ，煙突と煙を配置した絵。「生命化学　環境・生物・電磁気」のタイトル
bio_target	学習目標	トップページのボタンにより呼び出されるポップアップ画面。学習目標を明確にする
bio_contents	目次	目次。項目クリックで各ページへジャンプ。各ページから直接本ページにジャンプ可能
1章	環境と生物	1章の目次と学習目標
1-1	気象環境	気象環境の種類を学習。各気象をクリックするとそのページに直接ジャンプ可能
1-1-1	大気大循環	地球儀が回転し，大気が蛇行しながら地球よりも少し遅れて回転している様子。大気大循環について説明する
1-1-2	総観気象	テレビの日本列島天気予報と同じような絵。気象予報のことであることを説明
1-1-3	局地気象	傾斜地，ハウス内などの局地的な気象であることを説明
1-1-4	微気象	作物内気象，洋服の内外，洗濯物の表面などを例として説明

次に図5.1，5.3，5.5に示すようなストーリーボードを記述した。ナレーションと画面動作の部分の番号は連携しており，該当するナレーション番号のところで画面動作が発生する。

図5.1は，最初に作成したストーリーボードであり，内容の専門化である千葉大

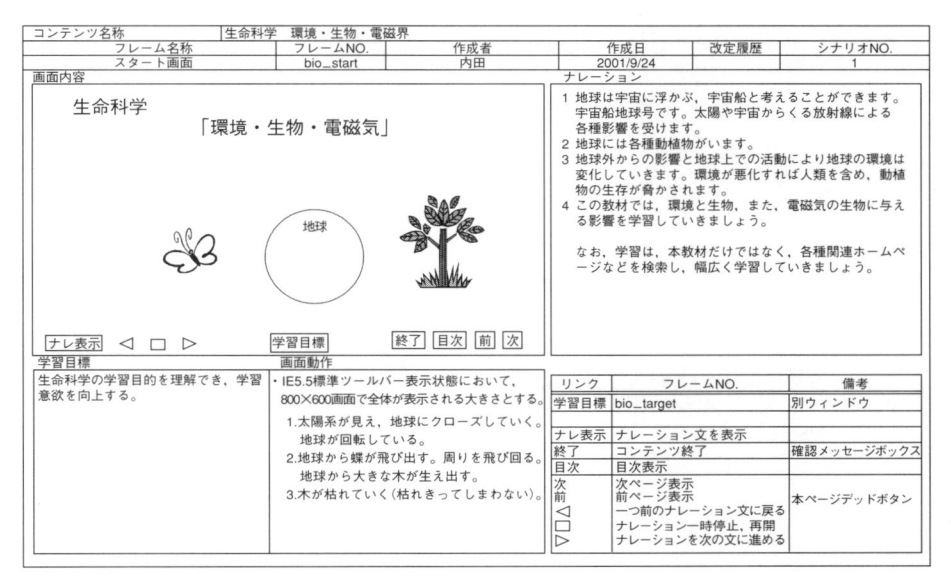

図5.1　生命科学ストーリーボード①

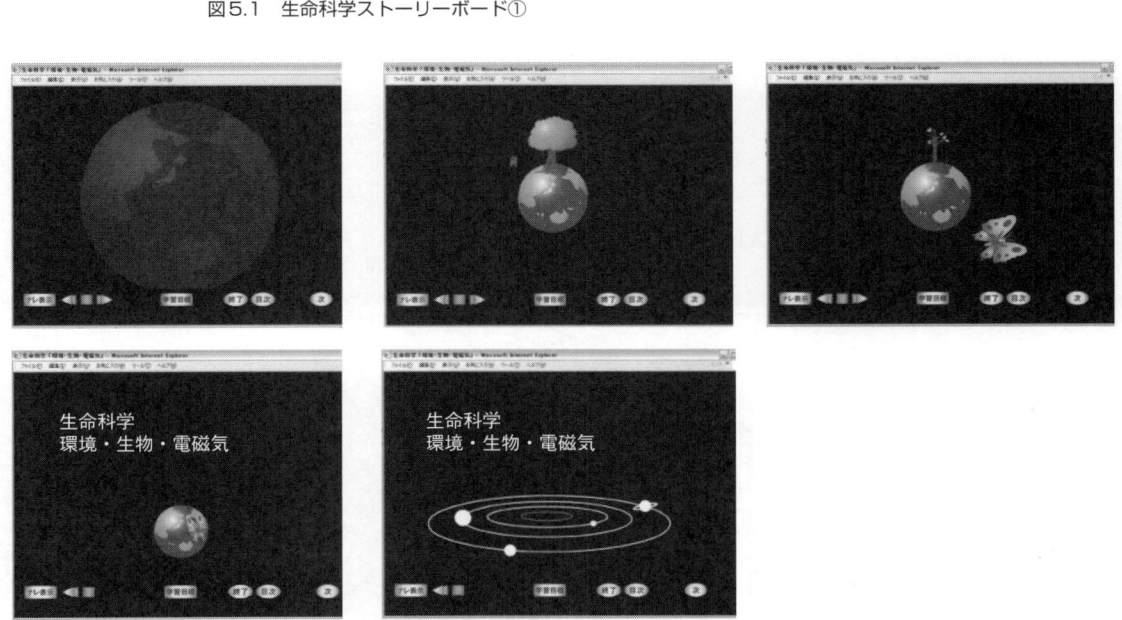

図5.2　生命科学スタートページ［千葉大学園芸学部飯本光雄教授「生命科学」講座より許諾を得て転載］

学 飯本教授と何度か打ち合わせを行い修正した。最終結果としての画面が図5.2である。ストーリーボードどおりに作っても，修正は発生するものである。将来のコンテンツの改定のために，実際の画面を張り込んだ最終制作コンテンツに合致した

ストーリーボードを作成しておくことが望ましい。なお，このような手戻りが発生しないように，ストーリーボードのレビューを関係者全員を集めて実施することが望まれる（ただし，それでも手戻りは発生する。制作ベンダーとしては，ストーリーボード決定後の修正は別途費用を請求することが一般的であるので，発注者は予算にそれも入れておくことが必要である）。

図5.3 生命科学ストーリーボード②

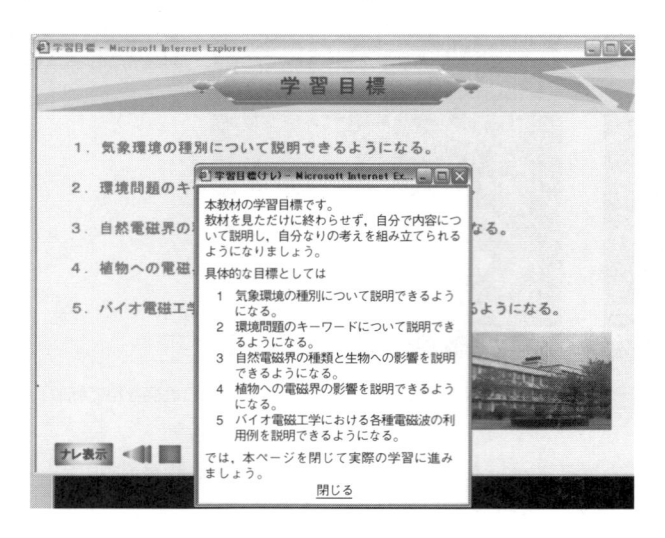

図5.4 学習目標とナレーションウィンドウ［千葉大学園芸学部飯本光雄教授「生命科学」講座より許諾を得て転載］

5.3 ストーリーボード事例

　図5.2のスタートページの「学習目標」ボタンから，図5.4の学習目標画面が起動する。なおここでは，図5.4の中の「ナレ表示」ボタンを押してナレーションを文字で表示した状態を示している。

　図5.5，5.6は，同じ生命科学コンテンツの中のオゾン層の学習画面のストーリーボードとその実際の画面である。

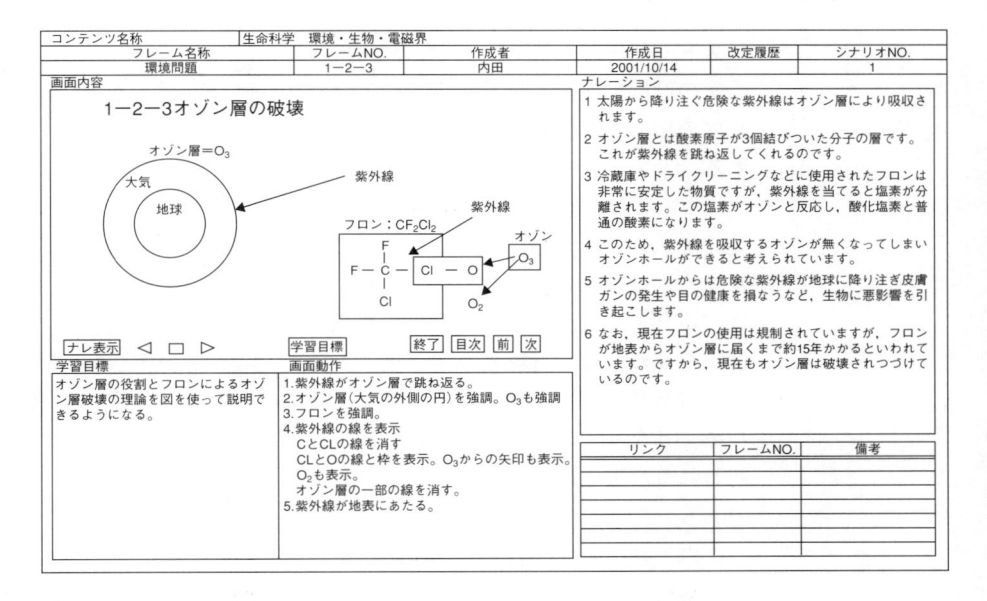

図5.5　生命科学ストーリーボード③

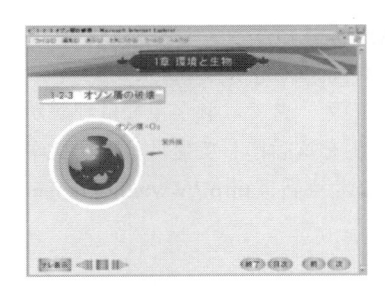

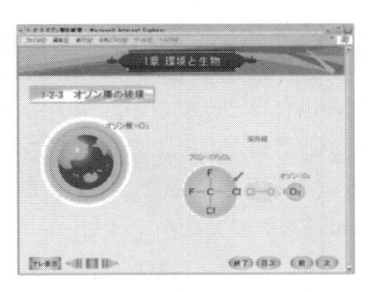

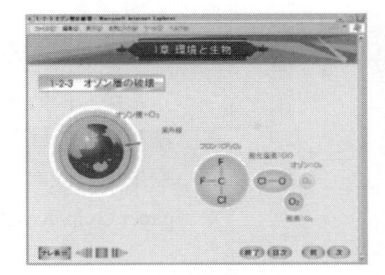

図5.6　オゾン層画面　[千葉大学園芸学部飯本光雄教授「生命科学」講座より許諾を得て転載]

　ストーリーボードの形式は，内容によってはこれ以外の形式でもよい。例えば細かな画面動作がある場合は，動作指定ページを別に作ることもある。

　テスト問題では，事前ヒント欄，回答説明欄，正解欄，正答時のコメント，不正解の場合の指示などを記入する欄を設ける。

ストーリーボードの形式は内容にあわせて変更する。ただし，ストーリーボードも，次のコンテンツ開発時に再利用できるように，できるだけ定型フォーマットを利用する。

5.4　ストーリーボードではない事例―童話による教育―

ストーリーボードにしない場合もある。
次の例は，北越製紙株式会社のエコパルプの環境対応教育用に制作したものである。

エコパルプとは，北越製紙株式会社の製品である。エコパルプの原料である木材は，木材繊維と樹脂でできている。エコパルプを製造する際は，無塩素薬品で樹脂を溶かして木材繊維を取り出す。残った樹脂は，ボイラーの燃料としてエネルギーとなり，エコパルプや紙の製造に使われる。環境配慮型のクラフトパルプである。

このエコパルプが教科書印刷用の紙として使用されている。そのため，学校での調べ物学習などの場合に生徒が調べようとしたときに，その学習データとなるようにホームページを作成した［http://www.hokuetsu-paper.co.jp/ekotop.html 参照］。

［北越製紙株式会社より許諾を得て転載］

しかし，低学年の場合はどうするか。グラフなどのデータでは低学年では理解が難しいのではないかと考えた。そこで，パルプの一生を童話にして提供し，先生から生徒に読んでもらうことを考えた。なお，制作した童話は http://www.hokuetsu-paper.co.jp/eco1.html にあるので読んでほしい。

作業手順1

エコパルプの繊維が生まれてから，紙になり，本になり，リサイクルされ，最後に土に還るまでの一生を物語るというストーリーを決定。
このとき，内容の専門家であるエコパルプの開発者からさまざまなデータを提供していただいた。

作業手順 2

登場人物を決める。

登場人物は，基本的に木の構成要素，製造工程で利用する物質，酸素や炭素などの環境に関係あるものとする。名前は，親しみやすさがあるとともに，名前を覚えることがそのまま学習につながるようなものとする。例えば無塩素漂白剤はECFなので，登場人物としては，イーシーエフ君とした。

次に，主人公と登場人物の人物像をできるだけ詳しく書く。何人かでブレインストーミングなどを実施すると細かな人物像が作成できる。物語に厚みをつけるためには，できるだけ細かく，物語には出てこないようなことまで考えておくことが必要である。登場人物は表5.9のように設定した。自由連想をして，その項目をすべて書き込み，後で整理して決定した。

表5.9　エコちゃん物語登場人物設定

登場人物
・エコちゃん
　　樫（オーク）の木の繊維。
　　主人公，女の子。
　　10年前に誕生。
　　太陽のエネルギーとCO_2で葉っぱが作った炭素とエネルギー，そして木の根っこから送られてくる水と栄養分により育った。
　　春から秋にかけて成長し，冬はほとんど寝て過ごす。
　　10年で大人になり，成長は終了，もう炭素もエネルギーもそれほど必要としなくなった。
　　人間の髪の毛と同じで，切られても痛くないし，髪の毛が人形の髪の毛になったり，いろいろ利用可能なように，木の繊維もいろいろに利用される。
　　　家具，建材，紙
　　これから，新しい人生，何が始まるか。興奮。
　　紙になるまでの冒険。
　　紙になってからの旅，きれいなパンフレットになって女性の手からおじさんの手へ。
　　何回ものリサイクルを経て最後に土に還る。

・パルちゃん
　　木の繊維。
　　エコちゃんの友達，男の子。
　　10年前に誕生。
　　腕白，冒険家。
　　本になる。冒険家の一生を書いた小説だ。

・ネバちゃん
　　木の樹脂，木の油である。

エコちゃんとパルちゃんをつないでいる。
　　　太陽エネルギーとCO_2で葉っぱが作った炭素化合物と，根が送ってくれる水と栄養素で成長。
　　　ナオちゃんとナス君により繊維から分離されて独立する。
　　　ボイラーのなかで酸素と友達になり，踊りまわる。
　　　それで熱が発生してチップを煮る熱や発電の熱，紙を乾燥する熱などが得られる。
　　　ネバちゃんは，細かく分離し，最後はCO_2として空気中に漂い出る。
　　　木の葉が太陽熱に助けられ，ネバちゃんであるCO_2を吸い取り，また，元の木の樹脂に戻る。

- Oちゃん
　　　酸素。
　　　ネバちゃんとボイラーで踊り，仲良くなり，いっしょに空に出る。
　　　葉っぱにより炭素と別れ，酸素としての仕事に戻る。

- ドクターエコパル
　　　どこからか現れるなぞの魔法博士。
　　　根に聞いてもわからない問題が発生すると，どこからか出てきて答えてくれる。

- 根
　　　エコちゃん，パルちゃん，ネバちゃんの住んでいる木の根。
　　　物知り。何でも答えてくれる。わからないときは，ドクターエコパルを呼び出す。
　　　10年目で上部を伐採されるのは，人間が髪を切るのと同じである。
　　　ただし，エコ，パル，ネバとの別れは寂しい。
　　　次の10年には幹を何本にも増やして，今まで以上のエコちゃん，パルちゃん，ネバちゃんを増やす。
　　　CO_2になったネバちゃんや土に還ったエコ，パルを再度吸収する。ただし，それがエコやパルやネバであったことは知らない。

- ナオちゃん
　　　木のチップが煮られたとき，繊維と樹脂がそれぞれバラバラに分解して独立できるように手伝う。
　　　実際は水酸化ナトリウム（NaOH）である。

- ナスちゃん
　　　ナオの友達，ナオの働きを助ける。
　　　実際は硫化ナトリウム（Na_2S）
　　　$Na_2S + H_2O \rightarrow SH^-$　ハイドロサルファイトイオンとなり，このSH^-が触媒的な働きをしてベンゼン核同士の結びつきを切り離していく。

- ECFくん（イーシーエフ君）
　　　塩素を使用しない漂白剤。
　　　塩素は漂白や殺菌の能力が高いが，人間に対しても毒性が強い。
　　　そこで出てきたのが正義の使者ECF君である。毒性がなく，しかも紙を真っ白にしてくれる。
　　　ECF君は無口。白い覆面をして出てくる。だから，ドクターエコパルが出てきて，ECF君のことを紹介してくれる。

作業手順3

次にシーンを設定する。

10歳の誕生日から始めて，誕生，育つ，パルプになる，紙となり製本され，リサイクルされ，最後に土に還るシーンを設計する。

生まれたときからのシーンで，木の繊維など構成物，木の成長について学習できるようにする。

パルプになるシーンからは，実際の製造工程どおりにストーリーを進め，製造工程についての学習を行う。

リサイクルについては，地球環境を考えることができるような構成とする。

最後に，読んだ後に話し合いや意見を表明することにつながるページをつける。

以上のような基本的な考えから，表5.10のシーンを設計した。

表5.10　シーン設計

シーン

1. 誕生日　10歳

   エコは10歳である。すでに成長して，葉っぱのくれるCO_2から作った食事（炭素化合物）はほとんど必要なくなった。
   これからの進路が現在の関心事である。
   パルやネバと今後何をしていくのか話し合う。
   このまま，木の中にずっといなければならないのか。それとも，外の世界に飛び出していけるのか。
   でも，外に飛び出すのは何か怖い。
   今まで生きてきた道を思い返す。

2. 生まれたとき

   生まれたときそのものは，もちろん，覚えてはいない。
   最初に覚えているのは，黒いものの中に一人でいることを感じたこと。
   その黒いものが，ネバちゃんであること。
   ネバちゃんの向こうに自分と同じものがたくさんいること。
   最初はみんな同じだと思ったけれど，みんな違うこと。
   そのなかの一人がパルちゃんであること。パルちゃんと大の親友になったこと。
   根がパルやエコやネバが木の一部であることを教えてくれたこと。
   ドクターエコパルが，食事と思っていたものは葉っぱがCO_2から作った炭素の化合物であると教えてくれたこと。また，根が，水や栄養素を集めてくれると知ったこと。

3. 春から秋

   暖かくて，みんなで一生懸命働いた。
   水を下から上に運び上げること。葉っぱからの食事をどんどん下に運ぶこと。
   自分もどんどん食事を摂り，水や栄養素（ジュース）を飲んで，どんどん大きくなっていく。
   遊びもした。運ぶ水で音楽を奏でる。木の幹に耳を当ててごらん，音楽が聞こえるよ。

風にあわせて幹を揺らしてダンスもしたよ。
嵐の日には，幹が折れそうで怖かった。
一生懸命食べて，飲んで，遊んで，すくすく育った。

4. 冬

   葉っぱはみんなさよならを言って去っていった。
   葉っぱは土に還り，今度は根から栄養素（ジュース）として戻ってくる。
   葉っぱからの食事が送られてこないので，みんな冬眠した。

5. 旅立ち

   10歳の時に戻る。
   木の幹が震える。
   根がさよならを言う。元気で頑張るんだよ。
   非常に怖くなり，パニックに陥る。
   ドクターエコパルが大丈夫だとなだめる。みんな新しい人生に進むんだ。
   根からみればエコやパルは髪の毛と同じ。伸びたら切るのだ。
   根はまた，新しい芽を出し，新しい幹を作っていくのだ。今度は根が大きい分だけに1本の幹だけでなく，複数の幹を作るんだ。もっといっぱいCO_2を食べて，もっといっぱいエコやパルと同じ木の繊維等を作るんだ。
   私たちはどこに行くのだろう。
   ドクターが紙になったり，家具になったり，建材になったり，いろいろな道があることを説明。

6. 蒸解　独立

   幹は小さいたくさんの木片に変わった。そのなかの一つにエコとパルとネバがいた。
   お風呂に入る。
   水の中にはナオちゃんとナスちゃんがいた。
   二人は，エコやパルやネバを一人一人別々にして，自由に動けるようにしてくれた。
   ナスちゃんはナオちゃんがちゃんと働けるように手伝いをしているみたいだ。
   3人は自由に動けるようになり，ナオ，ナスといっしょにワルツを踊る。

7. 洗浄

   みんなは洗われた。エコとパルは洗われたけれどもまだまっくろである。
   ネバはエコ，パルと別にされた。さようなら，エコ，パル。元気でな。

8. ネバちゃんは濃縮されて黒液（ブラックリカー）となり，ボイラーで燃焼する。

   ネバとナオ，ナスは濃縮（水を取る）されて濃くなり，ナオとナスはまたみんなの独立を手伝うためにお風呂のほうに帰っていった。
   ネバはボイラーの中に入った。そこにはOちゃん（酸素）がいた。あったかくて，嬉しくなってOとネバは激しい踊りを踊った。最初はジャズ，その後はラテン音楽，その後は，何の音楽だかわからないがものすごい激しい踊りとなり，大量の熱を出した。
   Oちゃんの仕事は，ネバちゃんと踊って大量の熱を出すことだったんだ。OちゃんとネバちゃんはP，大の仲良しになり，空中に遊びに出て行った。

5.4 ストーリーボードではない事例－童話による教育－

ここで発生した熱は，エコたちがばらばらになり自由になった風呂を加熱したり，電気を発生したり，紙を乾かすのに使用したりと，無駄なく使われる。

9. 空中のCO_2

　CO_2として空で遊んでいたネバたちは，葉っぱと出会った。

　ネバは葉っぱに吸収され，新しいエコやパルやネバの食事になり，そして，新しいエコやパルやネバそのものになっていく。Oちゃんも遊んでばかりいられないので，ネバと別れて元の仕事に戻っていった。

10. 漂白

　紙は白くないといけない。

　でも，エコとパルはまっくろだ。どうするんだろう。

　白いマスクをつけた男の子が飛んできて二人の周りをまわりだした。何もしゃべらないので二人は怖くなる。

　ドクターが現れる。心配するな。あの子は無口だけど，みんなを白くしてくれるんだ。

　昔は，みんなを白くするのを塩素という乱暴者に頼んでいたんだ。確かに塩素は仕事はしっかりするのだが，乱暴者だから，周りに迷惑をかけるんだ。人間が吸い込んだりしたらすぐに病気になったりするんだ。これでは危なくてしょうがないので，仕事をECF君に変わってもらったんだ。だから，今は漂白で毒になるようなものは何も周りに出さないんだ。

　真っ白になった二人は，何もしゃべらないECF君にありがとうを言って去る。

11. 抄紙機

　エコはのりとほかのたくさんの繊維の仲間とともに抄紙機に入って，紙になった。

　ドクターエコパルが，抄紙機はしょうしきと読む，抄はすくとも読み，紙や海苔をすくときに使われることを説明する。

　パルは別の紙になった。

　お互い頑張ろうね。と言って別れた。

12. パンフレット

　エコはパンフレットになった。きれいな写真がエコの上に印刷され，エコは得意だった。展示場できれいなお姉さんが手に持ってくれた。嬉しくなった。そしておじさんに渡される。

　おじさんは，メモなどをたくさん書き加えた。そして，コピーされた。あとは，リサイクルというボックスに放り込まれた。何か，さびしくなった。どうなるのだろう。不安だ。

13. 再生処理

　再生処理場に行った。そこで，紙はまた繊維に分解された。

　擦り切れて，短くなったり，細くなったりした繊維もいる。

　エコは「君は丈夫だね」と言われる。「化学パルプはみんな丈夫なんだよ」と，いばってみせる。

14. 再生の繰り返し

　何度も再生を繰り返す。回数もわからなくなったころ，ついに繊維は擦り切れ，抄紙機でも紙にできなくなり，疲れきったエコは土に還り静かに眠る。

15. 生まれ変わり
    根が土に還ったエコたちを再度吸い上げ，新しいエコちゃん，パルちゃん，ネバちゃんの栄養とする。エコたちは，また，生まれ変わって木の誕生からを楽しむのだ。
    これが，生きるということであり，自然のいのちのありかたなんだ。

16. ドクターエコパルの正体

作業方法4

登場人物とシーンを元に童話を書いていく。
このような作成方法でどのようなものができたか読んでいただきたい。
ストーリーを考え，登場人物を決め，シーンを設定すれば，童話作家でなくてもこのような教材は作成可能である。もちろん，シナリオライターや専門の童話作家を活用すると，より魅力があり，モチベーションが向上した効果の高い教材としての童話が完成すると考える。ただし，そのときは費用を検討する必要がある。

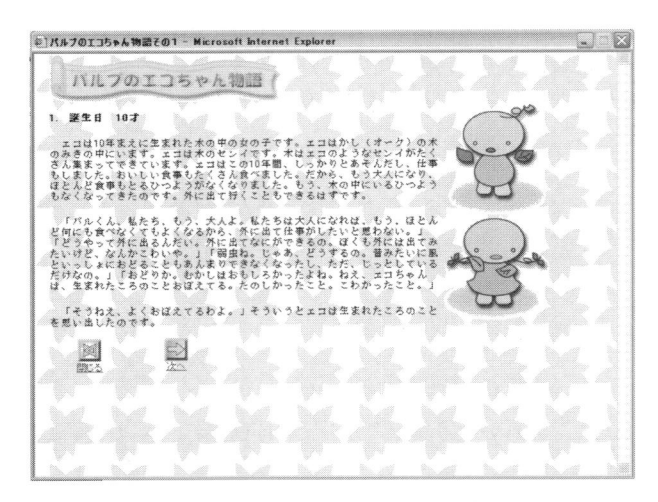

図5.7　北越製紙株式会社，パルプのエコちゃん物語の先頭ページ
［http://www.hokuetsu-paper.co.jp/eco1.html］［北越製紙株式会社より許諾を得て転載］

5.5　素材などの設計事例

ストーリーボードが決定すると，具体的な素材の作成，オーサリングとなる。このときに，どのような素材をどのくらい作成するかを細かく設定する。
表5.11に千葉大学 飯本教授のトマト栽培教育の素材計算表を示した。この表は

ストーリーボード作成前に作成し，これに従いストーリーボードを作成し，ストーリーボード完成後にストーリーボードにあわせて修正する。

　最初の計算で制作予算概算が計算でき，また，制作スケジュールや必要人員数などの概算が出せる。ストーリーボード完成後に再計算すれば，具体的な制作費とスケジュール，人員数などを計算できる。これは原価管理をするうえで重要であるとともに，次の仕事の見積もり基礎データとなる。

　なお，CG 1枚にかかる工数や費用などは，求める品質などにより，標準値を設定して計算する。エクセルなどで作っておけば自動的に計算ができる。見積書などもこの計算表を活用すると自動的に出せる。

表5.11　千葉大学園芸学部飯本教授　トマト栽培教育　素材計算表

No.	章	節	項	内容	基本デザイン	CG	ナレーション	写真	動画	アニメ	シミュレーション	プログラム	テスト
0	編扉			a. 編の名称 b. 編の章構成 c. トマト育成過程の動画 　学習目標，一覧，学習方法へのリンクを持つ	1	3	1		1				
0 (-1)			学習目的	学習ゴールを示すまとめノートを読み込み可能	1	1	1	2					
0 (-2)			学習目標一覧	全学習目標	1		1						
0 (-3)			学習目標チェック表	全チェック表。チェックを付け，印刷できるようにする	1		1					1	
0 (-4)			学習方法指導	a. 実習前の学習方法 b. 実習中の学習方法 c. 実習後のまとめと復習 　まとめノートを活用すること	1	1	1	3					
1	トマトの知識			節項の構造，本章のゴール	1	1	1	3					

1（-1）			学習目標	1章の目標	1	1	1				
1（-2）			学習目標チェック表	1章の目標チェック表	1	1	1			1	
1-1		プリテスト			1	10	1	5			10
1-2		トマトの来歴		トマトの歴史，日本とのかかわり	1	3	1		1		
1-3		トマトの品種			1	1	1				
1-3-1			生食用		1	1	1				
1-3-2			加工用		1	1	1				
1-3-3			ミニトマト		1	1	1				
1-3-4			野生種		1	1	1				
1-4		トマトの作型			1	1	1				
1-4-1			促成栽培		1	1	1	1			
1-4-2			半促成栽培		1	1	1	1			

図5.8 トマト素材
（トマト300円，籠は既存品，霧吹きによる水散布，蛍光灯照明，デジカメ撮影，画像加工）

5.6 課題

　　表5.3ストーリーボード作成関連学習目標に示す「ストーリーボード作成方法の学習」のためのストーリーボードを作成してみたい．学習対象者はあなたという設定にして，ニーズなどもすべてあなたに当てはめて考え，ストーリーボードを作成してみよう．

6

実　施

　教務の仕事として，教材の準備，教室やLMSや支援システムの準備，インストラクタやメンターの割り当て，コースの案内，受講者の決定，受講者プロフィールの調査（事前アンケートなど），宿舎や食事の手配，修了証書の準備などがある。なお，これらを支援するシステムの準備と運営も教務の仕事となる。LMSなどを利用する場合は，教育内容とは直接関係ないパソコンやインターネットの使い方に対する支援が必要な場合もある。
　どこまでを教務が実施し，インストラクショナルデザイナが関わるかは，組織によってまったく異なる。組織の大きさや教育方針などにより，その職務は変わる。
　しかし，少なくとも，インストラクタの職務実施方法を記述したインストラクタガイドやコース案内作成は，インストラクショナルデザイナが実施する必要がある。

6.1　教育指導推進者

　教育を指導，推進していくためには次のような人員が必要である。ただし，これらの名前に絶対的な定義はない。組織，国，地域などにより意味が変わるので，まずはその意味を考えておこう。

- インストラクタ
　　学習内容の説明をしたり，例を示したり，発問したり，質問に答えたりする。課題を出してその評価をすることや，学習者の学習レベルを判断し，合否判断をする。企業内教育でインストラクタといわれることが多い。業務プ

ロセスなどに関わる仕事のやり方を，それだけに焦点を当てて効率的に教育する，というイメージが強い．ただし，企業内インストラクタにも，企業人としての人格の養成などが求められるようになってきているため，その面では，大学の教官と同じような役割も持つようになってきていると考える．ただし，大学の教官は研究と教育という二つの面を持っているので，インストラクタと呼ばれることはない．

- メンター

  メンター（その道の専門家，導師）が，メンティ（初心者や未熟な者）に対して行う支援のことを一般的にメンターという．日本のeラーニング関係の資料を調べると，教育内容も含めて受講生からの質問などに対応する人を指す場合が多い．

- コーチ

  学習者に，目標を設定させ，課題をみつけさせ，気づきや励ましを与え，現在の課題を解決させ，将来の可能性を引き出す．メンターにもこの役割を求めることが多い．

- チュータ

  教える人という意味では，インストラクタと同じ意味と考えられる．

  英国のeラーニングスペシャリスト認定プログラムであるCeLP（Certified e-Learning Professional）では，チュータは，インターネット上で生徒のモチベーションを維持したり，質問に答えたりするので，上記メンターの定義に近いと感じる．

- トレーナ

  一般的に技能のトレーニングを行う場合にトレーナといわれることが多い．盲導犬のトレーナとはいうが盲導犬のインストラクタとはいわない．企業内教育でトレーナというと，インストラクタとメンターを兼ねて，技能訓練を担当することが多い．

  英国のeラーニングスペシャリスト認定プログラムであるCeLP（Certified e-Learning Professional）におけるトレーナの定義は少し違う．CeLPでは，ライブセッションで講義を行ったり，学習者の指導を行う人をトレーナと呼び，チュータと区別している．

- TA（ティーチングアシスタント）

  教官やインストラクタなどの手伝いをする人をTAという．教材の準備をしたり，先生の手がふさがっているときに，個々の学習者からの簡単な質問に答えたりする．

  eラーニングの場合は，LMSやインターネットの操作方法など，学習内容に関係ない質問などに対応したり，学習者のパソコン設定の手助けをするよ

うな人のことをTAと呼ぶことが多い。

　全世界対象のeラーニングのような場合，24時間の対応が必要であるような場合も多く，ネットワークのヘルプディスク組織などにこのTAの機能をアウトソーシングするような場合も多い。その場合，すべての質問はTAが受け，インターネットなどに関する質問はTAが直接答え，内容についての質問は内容の専門家に振り分けて連絡するなどの役割を果たす。また，学習進捗度などを定期的にレポートするなどの管理業務の一部も代行するところがある。

6.2　実施ガイド

インストラクタガイド項目

　インストラクタが実施するコースの場合は，授業のなかでどのような学習活動を実施するかを，明確に決めておかなければならない。特に企業内教育の場合は，その教育ゴールは同一でなければならず，複数のインストラクタがいるような場合は，どのように説明を進めるか，どのような質疑応答を行うか，討論などはどのように実施させるかなど，下記のような項目を，時限単位に記述しておく必要がある。

　　　指導目標
　　　指導内容
　　　指導ポイント
　　　課題，発問例
　　　事例
　　　補足説明
　　　補足キーワード，トピック
　　　FAQ

　インストラクショナルガイドは一度作れば終わりではなく，コースを実施するごとに実施したインストラクタが追記していくことができるようにしておく。

メンタリングガイド

　通常，インストラクタや学習仲間が目に見えるところにいるだけで，学習モチベーションの向上につながる。eラーニングで学習を進める場合は，インストラクタや学習仲間が直接目に見えない。これを克服するにはメンターなどを準備する必要がある。そのメンターが実施すべき項目の例を以下に示す。

- 開始前に学習目的の確認，学習時間の設定などによる学習計画の立案，実施上の問題点の確認などを各学習者に対して行う。

- 開始指示の送付：開始日以前に開始指示を行い，当日に再度開始指示を行う。
- 平日は毎日LMSの学習進捗度をみて，各自に励ましのメールを送付する。
- 学習が進んでいる人には，質問をどんどんするようにうながしたり，学習上の問題点などを聞いたり，発問をする。
- 学習が進まない人には，他の人の進捗状況や質問などの状況を知らせたり，学習阻害要因を聞く。阻害要因によっては，上長への連絡，依頼なども行う。また，必要時は学習者と直接会い，具体的な対策を話し合う。
- 平日は毎日最低1通，学習者へのメンタリングメールを発信する。
- 平日は毎日1時間を定めて，メンターのオフィスアワーとし，その間はチャットルームで質問に即座に答える。
- 章末テストなどの点数が悪い場合は，参考資料の読むべきページを指定したり，具体的事例を提供して，理解度の向上を図る。
- 学習以外の質問や相談が寄せられた場合でも，できる範囲で真摯に対応する。
- コース終了時は，各自の習得状況の評価を伝え，今後の進むべき方向，学習の進め方などの相談相手となる。
- 学習者評価報告書を作成し，学習者の上長へ報告し，今後の上長の本人指導のデータを提供する。
- 閉じた組織内だけの教育を担当する場合は，学習者のその後の教育の相談相手になり，学習後のフォローと学習者のキャリアアップの支援などを行っていく。

協調学習を意識したメンタリングガイド

協調学習を意識したeラーニング学習を目指す場合は，前記に加え，次のことも実施する必要がある。

- コース開始時にウエルカムチャットやライブセッションにより開講式を行い，各自の自己紹介と学習目的の発表をさせる。また，協調学習などの集団で実施する学習活動の実施方法を確認しておく。さらに，グループ分割とグループ内での交流の促進策などを立案，実施する。
- 学習者から提出されたレポートについて，学習者間の意見交換をうながす。メンターから指示をして，他人のレポートへの意見を発表させる。
- レポートが提出されないときは，途中まで作成したものでもよいので提出させ，残りの部分の作り方の指示や，学習者間での相互手伝いなどをうながす。
- 質問に関しては，すぐに回答する場合と，チャットルーム・掲示板などを利用し，学習者間で意見交換させる場合がある。
- 質問の出具合などをみて，チャットルームや掲示板を通じて，問題の提示を行う。

- メンターは，学習者同士による掲示板・チャットによる意見交換や質問と回答などによる協調学習の指導を行う。
- チャットなどにおける倫理の維持，いわゆるネチケットを守らせ，問題が起きそうな場合は，問題が発生する前に個別指導などを通して指導する。ある個人の行動が悪いからとメンターがチャット上で叱責するようなことは，悪影響のほうが多いと考えたほうがよい。個別の相談方法を準備しておく。

6.3　コース案内

　　コース受講者を募集する場合や，強制的に指定して受講させるときでも，コース内容を受講者によくわかるようにすることが重要である。コース案内は，教育提供部署から学習者に渡す最初のモチベーション向上のための重要な情報である。もちろん，実施場所や時間，費用などの実務的な情報としても重要である。

　　日本の大企業のいくつかは，このような役割を果たすコースカタログを出している。しかし，なかには何のためのコースかもわからず，ただ「受けろ！」と言っているような社内教育のコース案内なども多い（何のための教育かという説明もほとんどなく，全社員対象のコンプライアンス教育をいつまでに受講しろというメールの後，受講催促のメールが繰り返し送られて来て，やる気をなくしてしまったが，仕方がないからやるだけはやった，という話を聞いたことがあるのではないだろうか。学習の結果は，eラーニングは嫌なものだという認識だけだったかもしれない）。

　　なおコース案内には，コースの学習目標一覧（スキル一覧，コンピテンシー一覧など）のURLアドレスか，または印刷物を添付すると，受講前に学習すべき項目を学習者に確認させることができる。

　　2003年度に実施されたe-Learning 2003の有料チュートリアルコースを受講した。その案内は簡潔ではあったが，学習意欲を喚起するものであったので，以下に事例として一部を示す。

e-Learn 2003 チュートリアルコース6　コース案内

　　http://www.aace.org/conf/eLearn/tutorials/index.cfm/fuseaction/ViewTutorial/eventID/323 より引用。ただし，このデータは2003年のものである。アドレスに注意して，最新のものを参照されたい。

表6.1 コース案内例［e-Learn 2003より］

コース名：eラーニングの導入，ROIの保証

講師：Lance Dublin, Dance Dublin Consulting, USA
実施日時：2003／11／7　1:30PM － 5:00PM
実施場所は別途
概要：高品質のeラーニングを作っただけでは充分ではない。良いものを作れば，うまくいくというのはハリウッドの作り話である。導入時は学習者が「開発した技術を使って学習すること」に焦点を当てる。実施においては，学習者が「開発したものを使用すること」に焦点を絞る。そして，完了時は「eラーニングを組織の文化にしてしまうこと」である。チェンジマネージメントとコンシュマーマーケティングの技術をeラーニングの実施に応用することが成功するための道である（実際の概要説明はこの3倍程度の長さである。これは筆者の要約）。
学習目標：コース終了時，次のことができるようになります。
1. eラーニングを導入するときの，重要な人間の特性について説明できる。
2. チェンジマネージメントと消費者マーケティングの関係を理解し，
3. チェンジマネージメントと消費者マーケティングの手法をeラーニング導入に応用する。
4. そして，学習者とあなたの組織が，あなたのeラーニング導入を信奉してくれるようにするためにどうすればよいかを明確にする。

アウトライン：講義の内容と順番概要
　Ⅰ．Workshop Introduction
　- Introduce Workshop Leader
　- Review workshop objective
　- Introduce participants
　- Review workshop 'groundrules'

　Ⅱ．Implementation Context
　- Why is implementation success critical now
　- What have been the early results
　- What are the critical human/people issues
　- How do change management and consumer marketing apply
　以下省略

受講前提条件：
　　　前提として持っていなければならない技術はない。どんな技術ベースの教育でもよいが，そのような新規教育方法を取り入れようとしている人，導入責任者などが対象である。

インストラクタ紹介：
　　　Lance Dublinはこれまでのキャリアを通じて，教育の変革の信奉者である。高校時代には'Experiment in Free Form Education' コースを受講し，国内初の 'University Without Walls' の設立者の一人でもある。ビジネスや学習や人々そのものに対するユーザセンタードテクノロジーを認識し，人々および組織のパフォーマンスを向上させ，大規模な変化をもたらすDublin Groupを設立した。

（以下略）

筆者は実際にこのコースを受講した。コースの最初に各自の受講目的を確認し，適宜受講者から現在の問題点や質問などを引き出しながら授業は進められた。コース案内で惹かれたとおり，非常にわかりやすい講義であった。

なお，学習意欲がもともと非常に高い人に対するコース案内は，コースの目的，コース受講後どうなるのか，ビジョンなどを明確にすることがよい。ただし，このように学習意欲の高い人は，全体の10%程度であるといわれている。

残りの人については，学習すると地位が上がる，賃金が上がるなどの利益や，学習しないときの不利益を明確にし，上長などの受講指示がはっきりしていることが一番である。ビジョンやコースの真の目的と同時に，そのような情報をさりげなく提供するコース案内が有効である。

修了率を向上し学習効果を上げるには，過去の受講状況などを分析し，個人別に重点を変えたコース案内を出せるような支援システムなども今後必要になると思われる。

6.4　CeLP事例

英国のThe Training Foundation（トレーニング財団）http://www.trainingfoundation.comが実施しているe-Learningチュータ，トレーナ，開発者，管理者，コンサルタントの技術認証であるCeLP（Certified e-Learning Professional）の教育は，eラーニングで提供されているが，その修了率は非常に高く，すでに認定取得者が1000名を超えたとホームページ上に発表されている（2004/3にホームページより入手）。

その高い修了率をどのように達成しているのか。ホームページを見ると「成功の保証」という言葉が見つかった。eラーニングでの学習率を保証する方法として参考になるので，表6.2に示す。

表6.2　CeLPの成功の保証　[http://www.elearningprofessional.com/]

トレーニング財団は，チュータによる専門的支援を進めている。学習者は，プログラムに登録するとすぐにこのことに気づくだろう。すべてのコースの学習者は，割り当てられたチュータから接触がある。このチュータは完全にeチュータとして（本CeLPで）認定された者である。彼らはトレーニング財団内の学習管理システムの中に個人別ホームページを持っている。提供される協調学習ツールにより，学習者はチュータや学習仲間と簡単に交わることができる。実際の学習時間中のチュータの個別支援の割合は，一般の標準よりも非常に大きい。

成功の保障

eラーニングにおけるドロップアウトの割合が高いことは周知の事実である。自学自習を完了するため，やる気を維持し学習時間を確保することは難しい。十分な学習時間が確保できなければ，コースにログインするより，できませんと謝ったほうが簡単だと思ってしまう人がいる。

すべてのCeLPコースには，学習修了を助ける下記の5機能がある。

1. 一人ではない

    最高12名の学習者からなる小さなグループの一員になる。グループの人員は同時に学習を始め，同時に終了する。コース掲示板で，仲間の進捗具合を知ることができる。テストや課題についてパスしたかどうかもわかる。あるグループでは，他の学習者と組むときもある。

2. 学習時間に同意する

    コース開始時にチュータと学習計画を話し合い，合意する。これは，自分の自学自習時間，課題実施時間，週チャット参加時間を確保する助けとなる。「心配するな，この学習計画は石のように硬いわけではない。チュータがいつでもいる。見直しを一緒にしよう。仕事や私生活の優先順位が変わったなど，どんな理由で変更するのでもかまわない」

3. チャットとライブバーチャルレッスン

    チュータがチャットとバーチャルレッスンを計画，主催する。通常，最初のチャットは「Welcomeチャット」である。そのチャットで，コースの期間中，誰と一緒に学習するのかを知ることができる。引き続くチャットは主にコースのなかのトピックに関することになるが，社交チャット，面談チャットになることもある。チャットとライブセッションは楽しく，情報が詰まっている。

4. 実践的な課題

    多くの課題が実例をベースに提供される。または，課題は職場ですぐに活用できるスキルを提供するようになっている。そのために，ディスカッションフォーラムもある。そこでは，同じような仕事をしている人とアイデアを共有し，他の人が知識と技術をどのように活用しているかを知ることができる。

5. チュータとの定期的接触

    チュータがいつでもいることを忘れないように。チュータは電話やeメール，チャットなどにより，定期的にコンタクトする。質問には24時間以内に回答する。課題へのフィードバックも48時間以内にする。学習者からチュータにコンタクトすることもできる。

本プログラムのすべてのチュータは，本プログラムで認定された経験豊かな人である。同時に彼らは友好的で，親しみやすい人である。

7

評　価

　「評価」と聞くと難しいという思いがある。その理由は，これまで簡単なアンケートとテストぐらいしか実施しておらず，そのアンケートやテストもあまり目的が明確でなく，簡単な分析でお茶を濁してきたからではないだろうか。
　この根本原因は，評価の基準となる教育ニーズを明確にしないまま教育を実施してきたので，評価しようにもできなかったのではないかと思われる。

7.1　評価の目的

　評価を進める場合，まずは評価の目的を決定する。一般的な評価の目的には，カークパトリックの評価レベルなどから，次のことが考えられる。
- 教育を実施しなければならない基となったニーズが満たされているか
- 教育の結果，学習者は目的どおりの行動変容を起こしたか
- 学習者は，学習目標である知識や技術，態度を修得したか
- 学習者は教育に満足したか
- 学習者の上長や組織は，教育に満足しているか
- 教育組織は教育結果やコストに満足したか
- 教育の投資効果（ROI）がどのくらいあったか
- 現在の教育コースは組織にとってどんな役割があるのかを明確にする。また，現在の教育を実施しないとどのような影響があるのか
（日本の多くの企業は，いままでも教育を実施してきている。しかし，評価

はあまり実施してこなかった。そのような状況で，評価の目標をどのように考えたらよいであろうか。教育は実施しているが，根本ニーズが明確になっていないので，そこから考えなければならない）

　実際に評価を行う場合は，評価の目的を明確に定めて実施する。そのうえで，必要な評価だけを実施する。

7.2　評価の対象

　評価の対象は学習者だけではない。評価の対象者の全体像をとらえ，そのなかから評価目的に合致する対象を決定する。

- 学習対象者
- 学習者の上長
- 学習者の同僚や部下
- 学習者が対応する顧客，社会
- 学習者の所属する組織（会社全体，部，課，係，ほか）
- インストラクタ
- メンターなど支援者
- 教育組織（教育計画立案，設備準備維持，体制確立維持，長期計画立案，ほか）
- 教育コース開発者（インストラクショナルデザイナなど）
- 教育内容項目（学習目標）
- 教材（コンテンツ，ほか）
- 教育方法
- 教育コース開発のプロセス全体（インストラクショナルデザインプロセス）
- 教育対象である業務そのもの，内容の専門家など
- 評価の目的にあわせ，ほかにも対象が必要かどうか検討し，必要時は追加する

7.3　評価の時期

　評価はいつすべきであろうか。教育終了時にだけすればよいのだろうか。
　実は，評価は教育コース開発当初から必要である。表7.1に評価の種類と評価時期を「インストラクショナルデザイン入門」より引用した。

表7.1 評価の種類と評価時期

妥当性のタイプ	レベル	どのように完成させるか	重要性	ID工程
表面的妥当性	低	専門家がコース教材をレビューし，コースのコンテンツが正確にそのコースの主題を教えていることを検証する，形成的評価	コースの意図を教えていることや，テストが測定すべきことを測定していることを証明するのに最小限必要な妥当性	設計または開発
内容的妥当性	低	専門家がコース教材をレビューし，学習目標と内容，テスト項目の一致を検証する，形成的評価	コースが主題における能力の保証に使用されるかどうかに最小限必要な妥当性	設計
並存的妥当性	中	二つのテスト間の相似性を測定する，定量的総括的評価	テスト項目妥当性を確立する	評価
構成概念的妥当性	中	職務遂行能力とテストの得点間の関連を測定する，定性的総括的評価	テストの質問と実際に遂行される職務の関連を，絶対的に確立する	評価
テスト項目妥当性	中	独立した質問とテスト全体の関連を測定する，定性的総括的評価	テスト項目が正確にスキルを測定していることを，高い次元で保証する	設計評価
予測的妥当性	高	あるスキル領域での将来の成功を予測するテストの能力を測定する，定性的総括的評価	テストの妥当性を確立し，テストと（短期間内に）測定すべき職務遂行能力を絶対的に関連付ける；テストやコースの（長期間の）信頼性を確立する	評価
評価者間合意	高	タスクの職務遂行能力の成功性について，評価者が合意する可能性を測定する，定性的形成的および総括的評価	独立した観察でも，評価者間で一貫性があることを示し，信用レベルを確立する	要求調査（アセスメント）と分析または評価

評価の時期の例を図7.1に示す。

　評価はインストラクショナルデザインの各工程で実施する。その時点で不良項目を出し，全体の制作工数を縮小するとともに，教育実施効果を保証するためである。

　インストラクショナルデザイン業務の最後の工程である評価工程での評価は，インストラクショナルデザイン各工程で行った途中の評価結果をまとめ，評価目的を再度明確にし，目的にあった評価項目をすべて実施する。

　この評価工程での評価はいくつかのフェーズに分かれる。個別の教育コースの評価がその一つである。また，初期コース数回実施後の内容改定をふまえた評価を行うこともある。期ごとにも，教育効果が事業上に出ているかどうか，教育組織見直

しの必要性の検討などのために，実施することが望ましい。特に，業務上での効果評価などは，教育実施直後では難しいので，一定期間が過ぎてから実施する。教育コースを廃止する場合にも，次のコース開発のため，教育実績などを含めて総合評価を実施することが望ましい。

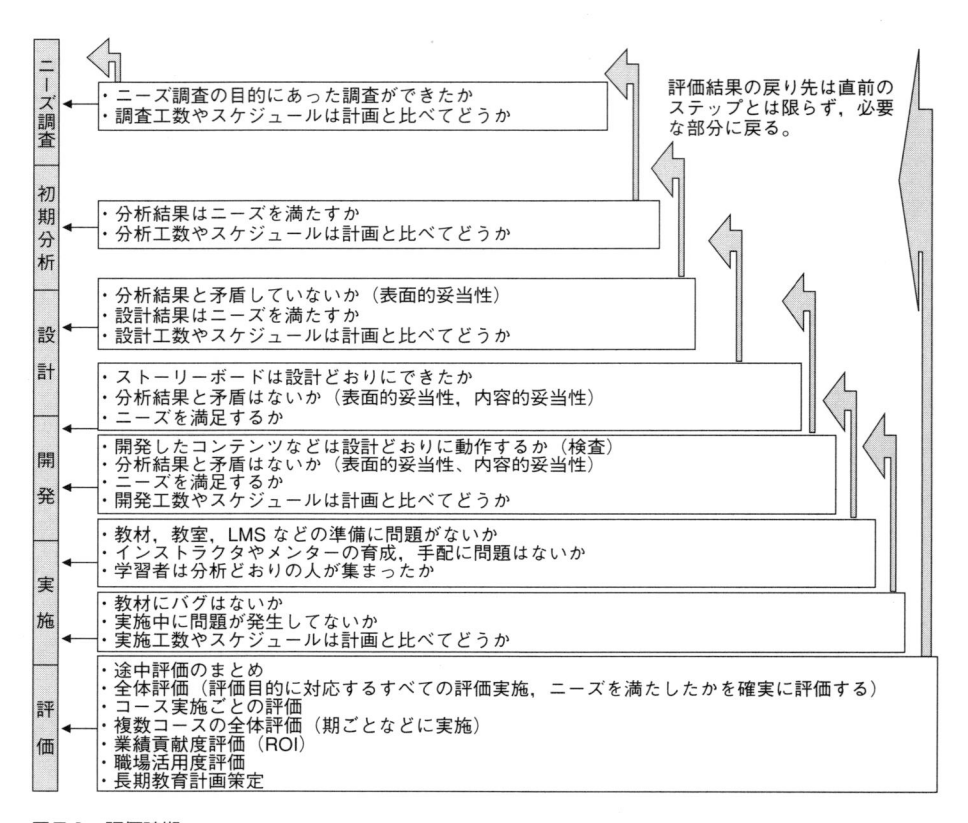

ステップ	評価内容
ニーズ調査	・ニーズ調査の目的にあった調査ができたか ・調査工数やスケジュールは計画と比べてどうか
初期分析	・分析結果はニーズを満たすか ・分析工数やスケジュールは計画と比べてどうか
設計	・分析結果と矛盾していないか（表面的妥当性） ・設計結果はニーズを満たすか ・設計工数やスケジュールは計画と比べてどうか ・ストーリーボードは設計どおりにできたか ・分析結果と矛盾はないか（表面的妥当性，内容的妥当性） ・ニーズを満足するか
開発	・開発したコンテンツなどは設計どおりに動作するか（検査） ・分析結果と矛盾はないか（表面的妥当性，内容的妥当性） ・ニーズを満足するか ・開発工数やスケジュールは計画と比べてどうか
実施	・教材，教室，LMSなどの準備に問題がないか ・インストラクタやメンターの育成，手配に問題はないか ・学習者は分析どおりの人が集まったか ・教材にバグはないか ・実施中に問題が発生してないか ・実施工数やスケジュールは計画と比べてどうか
評価	・途中評価のまとめ ・全体評価（評価目的に対応するすべての評価実施，ニーズを満たしたかを確実に評価する） ・コース実施ごとの評価 ・複数コースの全体評価（期ごとなどに実施） ・業績貢献度評価（ROI） ・職場活用度評価 ・長期教育計画策定

評価結果の戻り先は直前のステップとは限らず，必要な部分に戻る。

図7.1　評価時期

7.3.1 アンケート事例

　アンケート結果が「良かった」，「満足している」ばかりだとしても，その満足が何を基準にしたのかがわからない場合がある。ゆっくり居眠りができて，昨日の疲れがとれたから良かったのであり，知識や技術などを習得できていないかもしれないのである。そのようなアンケートでは，調査結果が具体的な改善に結びつかないのである。

（1）アンケート

　表2.8 受講票兼学習指示書記述内容を再度見てほしい。学習開始時に学習者本人と上長のニーズを直接聞いている。

　このニーズを満足できたかどうかを直接聞くアンケートを受講票兼学習指示書の下部につけた例が，表7.2である。電子化して自動集計できることが望ましい。

表7.2　受講後アンケート内容

XXコース　受講票兼学習指示書

（表2.8　受講票兼学習指示書記述内容参照）

受講後アンケート

- 受講前各自設定学習目標は達成したか　　　　　　　　　　　　5，4，3，2，1
- 良かった項目

- 改善すべき点と改善案

　　　　　　　＜改善すべき点に関するインストラクタからの回答＞

- 教材に対する評価　　　　　　　　　　　　　　　　　　　　　5，4，3，2，1
  コメント：

　　　　　　　＜指摘事項に対するインストラクタからの回答＞

- インストラクタに対する評価　　　　　　　　　　　　　　　　5，4，3，2，1
  コメント：

　　　　　　　＜指摘事項に対するインストラクタからの回答＞

- 自分自身の評価，反省，意見

受講結果報告

- 合否判定　　　　　　　　　　　　　　　　　　　　　　合格/不合格
  　　不合格時は理由：
- 入講テスト，終了テスト点数　　　　　　/平均点　　　　　/平均点
- 講評，今後への指導
  （不合格時は，合格するために例えばレポートを出させるなどの指示となる）

---

(2) 閉講式

閉講式までに，受講者はアンケートを記述する．閉講式では，そのアンケートと受講結果報告を見ながら，学習者とインストラクタが評価を行う．

改善提案に対する回答やインストラクタへの注文などについて，また不合格理由説明などについて，感情的にならないよう注意して今後良くしていく方向で相互に反省評価する．当事者だけでなく，インストラクタの上長に出席してもらうと，いろいろな批判的な意見があっても，それを建設的に討論できる．

閉講式終了後，討論に基づき，受講結果報告をインストラクタが記述する．

この受講票兼学習指示書/アンケート/受講結果報告は上長経由で本人に戻すほか，該当教育に関連する技術部にも提出する．技術部は，製品そのものに対する意見や改善提案があれば，その対応を行う．また，必要人員がどのように育成されたかを確認し，必要なら仕事の体制や作業などを見直す．

(3) コース実施報告書

インストラクタは，コース受講者全員の受講票兼学習指示書/アンケート/受講結果報告をまとめて1枚のコース実施報告書を作成する．

表7.3 コース実施報告書内容

コース実施報告書
コース実施日，場所などの基本情報
受講者のテスト点数，合否
受講者の意見まとめ
受講者の意見に対する対策案
反省，評価
トータル教育済人員数，地域別分布

インストラクタは，受講者の意見をまとめ，改善提案や批判に対する対策案を記述する．また，インストラクタとしての反省，評価を記入する．トータル教育済人員や地域分布がLMSデータなどから自動的に付加できる場合は付加する．

このコース実施報告書は，受講票兼学習指示書/アンケート/受講結果報告と一緒に教育実施部署の上長に提出され，コース改善などの管理に使用する。また，関連技術部にも送付され，必要人員がどのように育成されたかを確認，必要なら仕事の体制や作業などを見直すことなどに利用される。

7.3.2 テストの分析

テスト問題の分析は，次の目的で行う。
- 学習者が確実に目的のスキル，知識，態度を習得したかどうか判断する
- 教育内容や方法を改善する

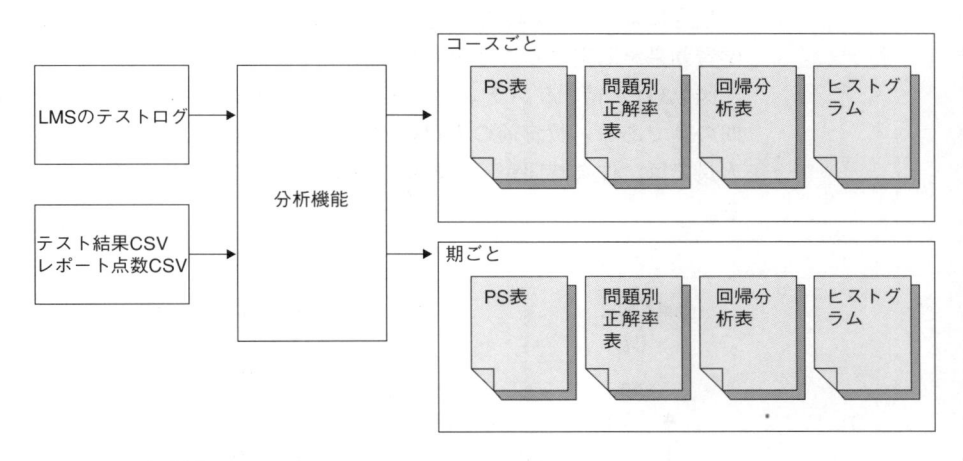

図7.2 テスト分析ツール

分析は自動的に分析するようにし，コースごと，期ごとなどに集計出力する。

いろいろな集計ができると思うが，手軽に利用できる出力を図7.2に示す。各内容については，詳しくは学習理論関係の本を参照のこと。
- PS表：成績と問題の関係を読み取ることができる。テスト問題のよしあしや教育方法などいろいろな評価に利用できる。
- 問題別正解率：教育方法やテスト問題のよしあしを判断。
- 回帰分析表：入講テストの点数と終了テストの点数の回帰分析を行う。回帰分析はエクセルなどのマクロを使えば簡単にできる。同一教育の複数のコースの結果を比べることで，教育の改善度などをみることができる。
- ヒストグラム：点数ごとの人員数。一般には人数が増えれば標準分布に近づくはずであるが，偏ったグラフになるということは，テストが悪いか，教育が悪いか，対象者が計画と違う人であるなどが考えられる。

7.3.3 業務への効果分析

業務への教育の効果測定は，難しい。複数支社がある場合に，ある支社にだけ教育し，まだ教育ができていない支社との売上を比較すれば，教育の効果を簡単に出せるようにも思えるが，支社の規模，地域の違い，人員の違いなどで，教育の効果が売上に直接表れない場合もある。

業務への効果例としては，作業時間短縮と学習時間短縮，技術レベル向上の例を説明する。

(1) 作業時間短縮

教育により，作業時間の短縮を図る場合は，その短縮時間を測定することにより，学習効果を測定することができる。

図7.3は，情報システムの障害対策時間の学習済人員と未学習人員の障害対策時間の差である。教育前の人員の作業の平均を1として図には表してある。教育済の人員では，作業時間が41%短くなっている。これは，教育効果と考えることができる。

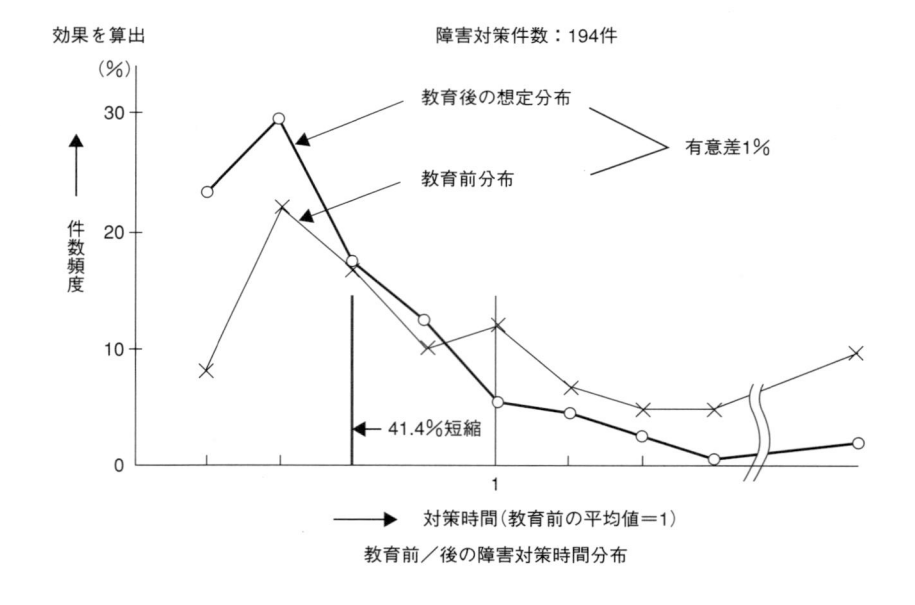

図7.3 作業時間短縮 [山本洋雄 「eラーニングの投資効果，学習成績，学習時間等の評価」][7]

（2）学習時間短縮

作業などに関する企業内教育では，インストラクタが実施する対面学習の場合，全員が合格するように一番下のレベルにあわせて教育する場合が多い。企業では，不合格者を出すことが目的ではなく，ある一定の作業をできるように育てることが目的である。そのため上位レベルの人にとっては，必要な学習時間よりも長い授業時間となっている。自学自習とすることにより，各自の必要時間内で学習すれば，その分学習時間が短くなる。

図7.4はインストラクタが実施していた対面教育を，eラーニング化することにより24％の学習時間短縮を図った例である。自分の能力にあったスピードで学習するため，学習時間が短縮されると考える。

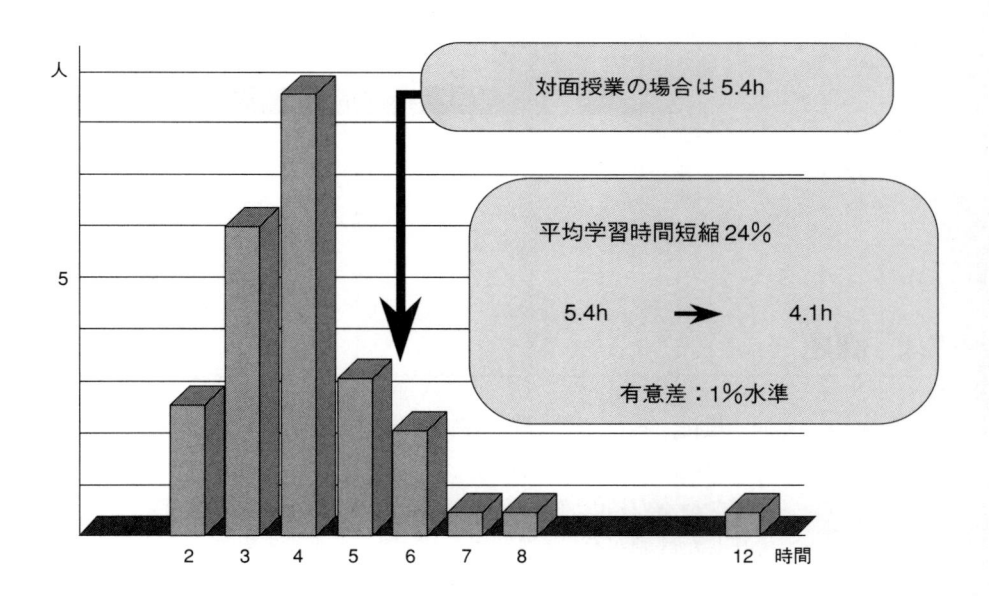

図7.4　学習時間短縮　[山本洋雄　「CAIと学習形態の関連における評価より見た学習効果の比較分析」][8]

（3）学習レベル向上

自学自習で自分が理解できるまでしっかり学習すれば，理解しないうちに教師が次に進んでしまう場合より，学習レベルが向上すると考えられる。

図7.5はeラーニング化により，成績の向上を図ることができた例である。学習者の能力が高くなったことにより，業績の向上に役立つと考えられる。ただし，職場で本当にこの成績向上分を活用しているかどうかの調査が別途必要である。

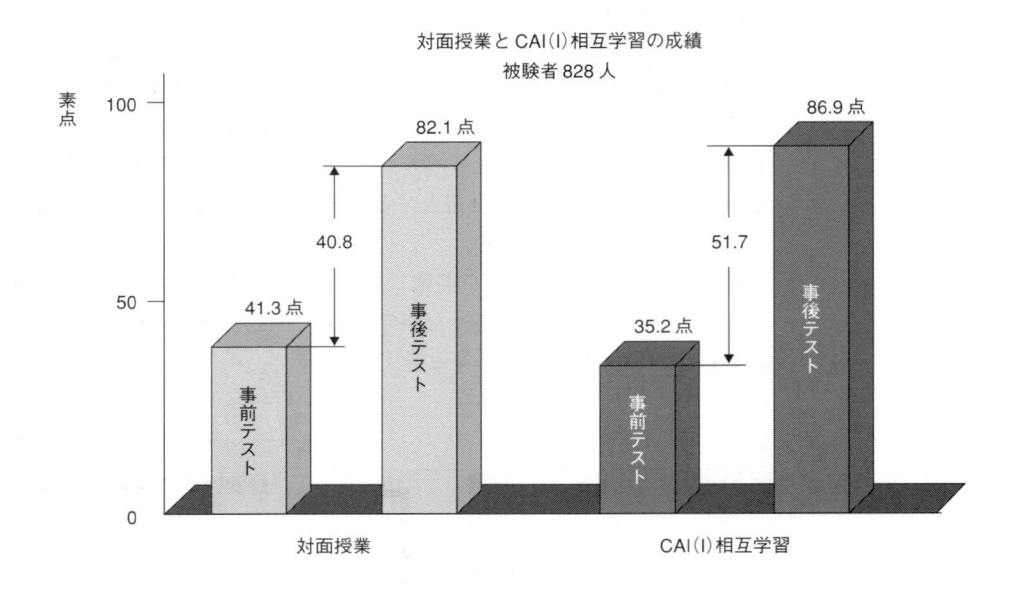

対面授業とCAI(I)相互学習の成績
被験者828人

図7.5 成績の向上[7]

7.4 課題

　現在，あなたが関係している組織に教育の評価データがあるか調査していただきたい。評価がある場合は，その評価は十分か検討しよう。不十分な部分や，改善提案があるのに改善されていないところがあるか調べていただきたい。最終的に，存在した評価が有効なものかどうか，評価方法を改善するならどうすればよいか検討しよう。もし，評価がすばらしいものであるなら，どこが優れているのか，優れているところを外部に公表できるように，発表資料を作ってみていただきたい。

　評価した結果がないか，あったとしても簡単なものしかない場合には，現在の教育が組織の何に役立っているか，教育をやめてほかのもっと良い方法はないかを，現在の教育評価をすることによって，報告しよう。

8 教育コンサルティング例

　不況が続いた近頃，日本の企業内教育は減少している。しかし，その減少によりどのくらいの技術力不足が発生したのか，教育をしなかったことによりどのような影響があったのかを，調査したという話は聞かない。教育コストの削減と，教育をしなかったことによる受注の減少など，企業の業績はトータルとしてどうであったかは不明である。教育は投資であるにも関わらず，教育はコストであり，不況のときや忙しいときにはカットできるもの，という暗黙の了解がされているのではないかと感じる。また，そのような教育評価や改善を実施できるような専門家は，ほとんどの企業にいないのが現状である。

　経済産業省のe-Japan戦略でも，日本の技術力の低下，ほかのアジア各国の生産力や技術力の向上が述べられている。海外に生産を移すことにより，海外の生産技術向上が図られている。それに対し，日本では社内教育が減少し，技術力が失われてきているのである。また，企業内教育が減少したといっても，大企業や中企業では，社内教育（外部コース受講含む）は実施されている。このような現状にある教育を評価しなければ，今後どのように日本の企業内教育を進めていくか判断できない。しかし，評価できる人がいないのである。

　IT関係の企業内教育では，経済産業省からITSS（IT Skill Standard）が出ており，そのスキル項目をものさしにすれば，現在の企業のコンピテンシーが少しは測定できる。IT関係教育の企業内教育の効果の評価の一つは，このような方法でできるだろう。もちろん，教育の業績への貢献度などはそれだけでは評価できない。このような評価や改善を実施するには専門家が必要なのである。

　このように考えると，専門的に現在の教育を評価し，それをもとに改善のための

調査，設計，開発，実施を行うインストラクショナルデザイン理論をベースとしたコンサルティングが必要である。

コンサルティング事例

コンサルティングの事例として，日立グループの人材戦略ソリューション LearningGate におけるコンサルティングモデルを紹介する。

1 日立人材戦略ソリューション LearningGate

日立人材戦略ソリューション LearningGate は，企業戦略の実現を人材戦略の面からサポートするソリューション群の総称で，次の四つのサービスから構成されている。

- コンサルティングサービス
  人材戦略，人材開発に関する課題のコンサルティング
- システム構築サービス
  顧客のニーズにあわせた各種システムの設計，構築，運用の支援
- アウトソーシングサービス
  システムの ASP 提供，従来型研修のアウトソーシング
- コンテンツサービス
  市販コンテンツの紹介・提供，顧客ニーズにあわせたコンテンツ制作

これらのサービスはいずれもインストラクショナルデザイン理論をベースに，必要に応じて相互に連携することで，顧客に最適なソリューションを提供している。

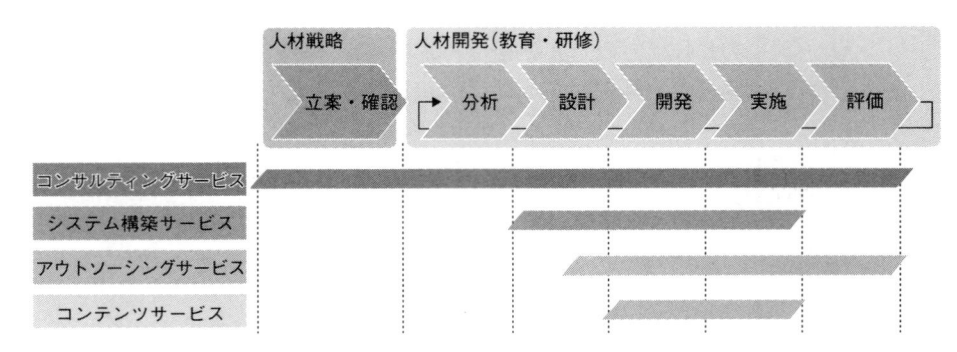

図8.1 インストラクショナルデザインをベースにしたサービス構成

2　コンサルティングサービス

　日立人材戦略ソリューション LearningGate におけるコンサルティングサービスでは，顧客のニーズに応じて四つのコンサルティングを提供している。

- 人材戦略支援コンサルティング
  顧客企業の特性を考慮した経営戦略・人材戦略の構想・立案の支援
- 人材開発計画コンサルティング
  具体的なカリキュラムや研修計画の立案支援
- eラーニングシステム導入コンサルティング
  eラーニングを導入するまでの課題の整理・解決，システム計画・導入の支援
- 研修評価プロセスコンサルティング
  教育・研修の「評価」の実施・見直しを支援

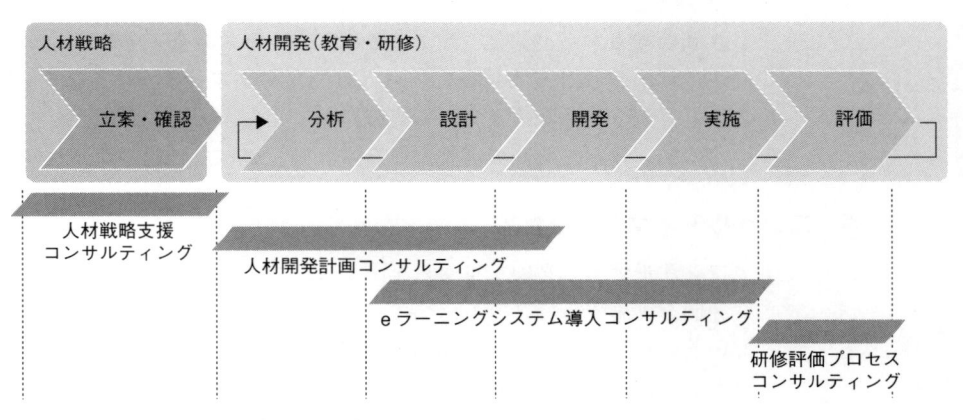

図8.2　コンサルティングサービス体系

　日立グループは，インストラクショナルデザイン理論がベースとなるサービスに関しては株式会社インストラクショナルデザイン社と協業してサービスを提供している。インストラクショナルデザイン社のインストラクショナルデザインのノウハウと日立グループの企業内教育・研修実績を組み合わせ，顧客に最適なソリューションを提供することが可能な体制になっている。

3 コンサルティング理念

まず，現在実施されている企業内教育・研修を評価することを実施して，その結果から教育・研修体系の改善，そして業績の貢献を図ることを理念とする。

現在の企業では，その大部分が企業内教育・研修を実施している。インストラクショナルデザインの理論では，実施の上流部分である分析，設計が重要であるが，現在実施している内容を白紙に戻して分析・設計からやり直す，というのは非現実的である。そこでLearningGateのコンサルティングサービスでは，まず，現状の教育・研修を評価することから始め，その結果を上流工程にフィードバックすることで，教育・研修体系の改善，そして業績の貢献を目指す。

第1ステップとして，インストラクショナルデザインサイクルの評価から開始する（研修評価プロセスコンサルティングの実施）。既存の教育・研修の評価が不十分な状態では，新しい教育・研修の構築は難しい。そこで，まず評価を行う。

評価の結果から，第2ステップとして，ニーズ調査・分析を行い，教育・研修コースや体系の設計，開発を行う（人材開発計画コンサルティング，eラーニングシステム導入コンサルティングの実施）。

その後，教育・研修の実施，さらに評価といった一連のサイクルが構成される。

4 コンサルティングプロセス

コンサルティングのプロセスを図8.3に示す。

評価を実施する場合でも，まず目的を決定することが重要である。教材を改善したいという場合と，教育と業績の関連を評価したいという場合では，収集するデータもその方法も異なるからである。カークパトリックの評価レベルなどを参考に図8.4 評価目標例のような具体的な目標を立てるのである。

評価の目的が確定したら，評価指針を確立する。評価戦略を立案し，組織内で評価が必要であること合意形成する。そして，評価対象を確定し，テンプレートやツールを選定して，評価分析方法を決定する。

次に評価分析を行い報告書を作成する。報告会を行い，どんな改善などが必要であるか，組織内に周知徹底し，合意を形成する。

合意が形成されれば，自然とインストラクショナルデザインの第2サイクルに入っていくのである。

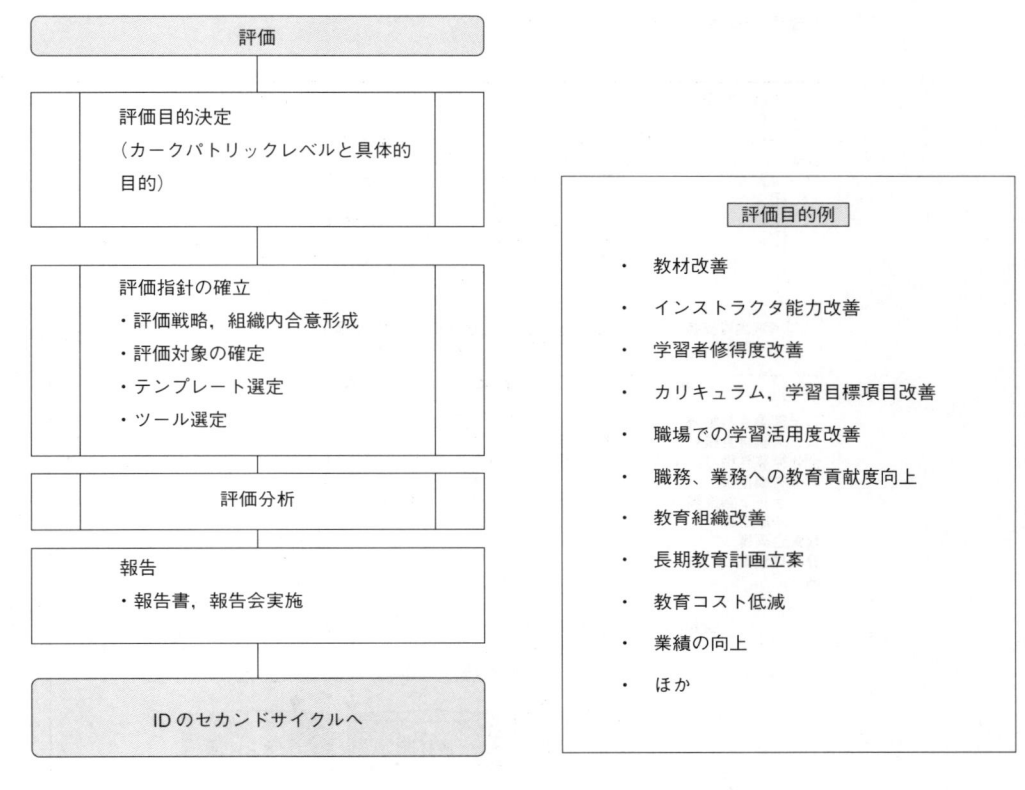

図8.3　コンサルティングプロセス

図8.4　評価目標例

5　教育コンサルティングツール

　　社会のすばやい変化にあわせ，評価は短時間で実施する必要がある。そのためには，評価を含むインストラクショナルデザインプロセス全体をサポートし，さらに次のインストラクショナルデザインプロセスで再利用できる情報を蓄積するツールが必要である。

　　図8.5にインストラクショナルデザインコンサルティングのツール体系を示す。評価においては，評価支援機能を利用する。LMSからの学習履歴データとアンケート情報，インストラクタからの反省情報（コース実施報告），上長からのアンケートやROI関連の情報を評価支援機能に入力し，各種分析グラフや報告書を自動出力する。評価者は自動出力された報告書に評価者の判断を加えて，加筆修正し，最終評価を記入する。

　　評価のデータはID（Instructional Design）データベースに蓄積され，ほかのコースの評価や新規コース開発時などに再利用される。

8 教育コンサルティング例

教育コンサルティング支援ツール概念図

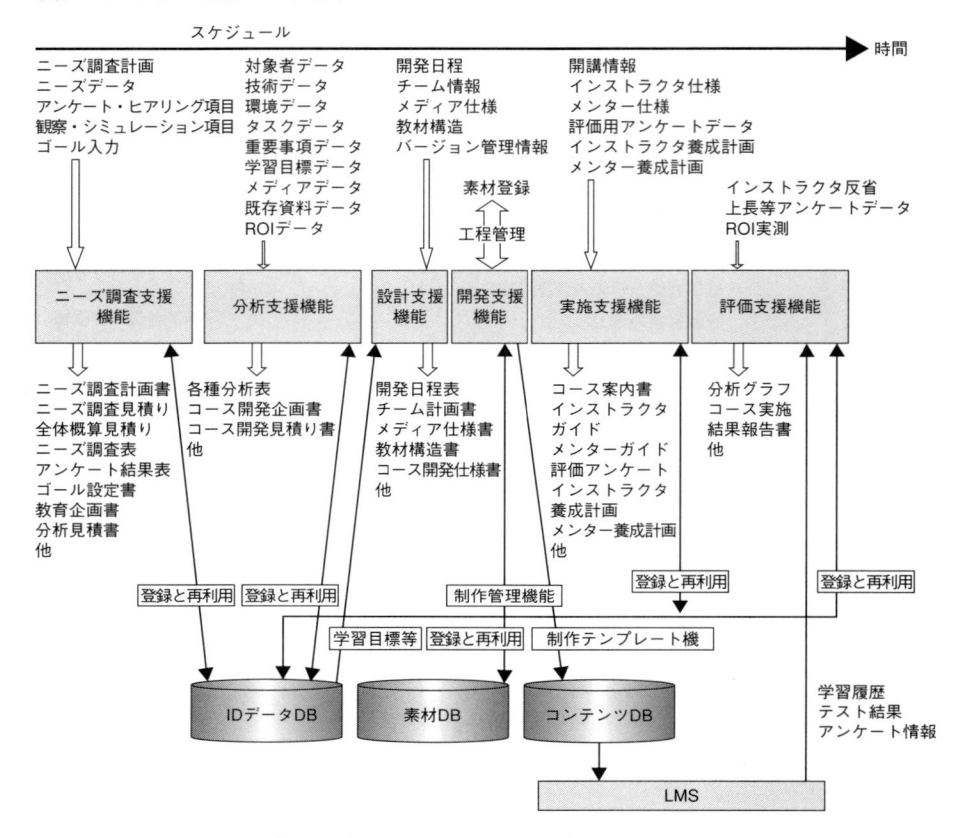

図8.5 IDコンサルティングツール体系

なお，図8.5は概念図であり，機能詳細などはここでは説明を省く．

6 まとめ

以上，日立人材戦略ソリューション LearningGate におけるコンサルティングサービスのモデルを紹介した．企業内教育・研修という性質から内容は割愛するが，具体的事例として日立社内の事業部における教育・研修の評価を実施中である．

追ってさまざまな事例がそろう予定なので，興味のある方は，株式会社日立製作所ラーニングソリューション部までご連絡いただきたい．

参考文献

1. ウイリアム W・リー，ダイアナ L・オーエンズ 『インストラクショナルデザイン入門―マルチメディアにおける教育設計』（東京電機大学出版局）
2. 「経済産業省 平成15年度情報経済基盤整備」事業「アジアeラーニングの推進」報告書
3. 「詳説インストラクショナルデザイン eラーニングファンダメンタル」特定非営利活動法人日本イーラーニングコンソシアム教材
4. 内田 実　2003 eラーニング Forum インストラクショナルデザイン入門出版記念セミナー資料
5. 松井辰則　「集合学習環境における携帯電話の有効利用に関する実証的考察」（教育システム情報学会研究報告　Vol.19, 2004-05）
6. 清水康敬　「インストラクショナルデザイン」2001 先進学習基盤協議会内セミナー資料
7. 山本洋雄　「eラーニングの投資効果，学習成績，学習時間等の評価」
8. 山本洋雄　「CAIと学習形態の関連における評価より見た学習効果の比較分析」

付　　録

学習コンテンツの設計時に考慮すべきデザインの基本

　付表1には，学習法則として考慮する項目が右列「デザインの基本事項」に示されている。その項目の説明が効果・事例にある。そして，この表の右側の3列は，コンテンツが「調べてみる，やってみる，考えさせる」という学習活動から構成されるように作るつもりであることを示している。

　このマトリクスを利用する教材設計者は，対象学習者やコンテキストを考慮して，調べてみるという学習にはどんな学習理論等が必要かを検討する。たとえば，ガニェの「学習者の注意を獲得」について，「調べてみる」学習では，すでに十分注意を獲得した状態の学習者対象なので，この項目はなしとする決定を行う。しかし，「考えさせる」学習については，学習者の注意を再度喚起することによって学習意欲をかきたてる必要があり，たとえば実際の事故写真の提示で注意喚起するなどと決定する。そして，決定されたことはこの表に記述し，後で，他のプロジェクト関係者と協議する。協議により，その決定をより良いものにしていくとともに，関係者全員に学習構造の意味を知らしめる。その結果，たとえば画面デザイン作成者も設計者の意図を明確につかむことができるし，検査者もそのような視点で作成されたコンテンツの検査ができるようになるのである。

　また，このような学習理論をもとにした学習構造の設計は，eラーニングの画面のデザインにも直接関係してくる。そこで，画面のデザインについて，学習理論を考慮してデザインできるように，その考慮点がこのマトリクスの後半にいれてある。たとえば，文字の色や大きさ，太さ，フォントなどだけでも簡単な学習者の注意喚起に使える。画面のデザインについては，テキストブックの時代からいわれているデザインの基本とWEBになって追加されたデザインの基本を載せている。

　表では，学習活動として「調べてみる」等の3項目をあげているが，この部分は実際に活用するときに必要に応じて変更して使用する。たとえば，教育内容や学習者によっては，学習項目ごとに学習活動を変えていく必要がある場合があり，その場合は横軸に学習項目を羅列する。また，右列「デザインの基本事項」のチェック項目も固定である必要はなく，他の教育理論を取り入れる場合は，その項目を追加，または，入れ替えればよい。

付表1　学習コンテンツの設計時に考慮すべきデザインの基本
　　　　内田実，小谷英明　NIME　eラーニング開発研修資料

媒体			デザインの基本事項	効果・事例	調べてみる（情報提示）	やってみる（技能術習得）	考えさせる（問題解決力・学習力）
教育コンテンツで追加されるデザインの基本	ガニェの9事象	1	学習者の注意を獲得する	本文参照（P.80）			
		2	授業の目標を知らせる	本文参照（P.80）			
		3	前提条件を思い出させる	本文参照（P.80）			
		4	新しい事項を提示する	本文参照（P.80）			
		5	学習の方針を与える	本文参照（P.80）			
		6	練習の機会をつくる	本文参照（P.80）			
		7	フィードバックを与える	本文参照（P.80）			
		8	学習の成果を評価する	本文参照（P.80）			
		9	保持と移転を高める	本文参照（P.80）			
	ケラーARCSモデル	10	注意	本文参照（P.80）			
		11	関連性	本文参照（P.80）			
		12	自信	本文参照（P.80）			
		13	満足感	本文参照（P.80）			
	リー&オーエンズ	14	前項目の内容の復習から始めると効果的	ID入門[注]参照（P.116）			
		15	内容紹介と明確な目的を提示すること	ID入門参照（P.116）			
		16	ナレーションは効果的	ID入門参照（P.117）			
		17	実例とデモンストレーションの活用	ID入門参照（P.117）			
		18	成功体験の埋め込み	ID入門参照（P.117～118）			
		19	受講生に合わせてコースを作成する	ID入門参照（P.118）			
		20	ペースは活発に，変化を持たせる	ID入門参照（P.118～119）			
		21	レッスンからレッスンへの移行はスムーズに行う	ID入門参照（P.119）			
		22	指示と課題は明確にする	ID入門参照（P.119）			
		23	適度は基準の維持	ID入門参照（P.120）			
		24	観察，机間巡視と作業チェック	ID入門参照（P.120）			
		25	質問は一度に一つ	ID入門参照（P.120）			
		26	フィードバックは有効	ID入門参照（P.120～121）			
		27	間違ったときは適切な技術でフォロー	ID入門参照（P.121）			
		28	学習意欲をそそる教材	ID入門参照（P.121～122）			
		29	実社会に結びついた教材	ID入門参照（P.122）			

媒体	デザインの基本事項		効果・事例	調べてみる（情報提示）	やってみる（技能術習得）	考えさせる（問題解決力・学習力）
WEB以前からのデザインの基本	1	文字組み	1行の文字数や行間のバランスを考慮することで，読みやすくすることができる。			
	2	書体	・明朝体：上品で古風な印象 ・ゴシック体：無機的で現代的印象 ・曲線が強調されウエイトの軽い手書き系の書体：優美で女性的な印象 ・手書きの痕跡がなくウエイトのある書体：男性的な印象 書体の特徴を生かすことで，内容のイメージを的確かつ効果的に表現することができる。			
	3	文字の対比	文字は，サイズ，ウエイト，書体の対比により，印象を強く見せることができる。			
	4	視線の流れ	縦組みの場合は右上から左下へ，横組みの場合は左上から右下へと視線が移動する。文字だけではなく写真も含めて目線の動きを考えてレイアウトすることで，読み手が戸惑うこともなく，自然な流れで読ませることができる。			
	5	配色	色により「強い，弱い」「温かい，冷たい」「自然，不自然」などを表わすことが可能である。 配色は，色相やトーンでまとめるなど何らかの根拠をもって統一感を与えたることで，まとまりのある印象を与えることができる。 同じ色を使った配色でも，メインカラーとそれ以外の面積比を考えることにより，異なる印象を与えることができる。また，文字色と背景色との明度差を考慮することにより，文字の視認性をあげることができる。			
	6	デザインの統一	写真，色，文字でデザインを統一することで，全体の統一感を出すことができる。複数枚のページがある学習コンテンツでは，デザインの統一			

媒体		デザインの基本事項	効果・事例	調べてみる（情報提示）	やってみる（技能術習得）	考えさせる（問題解決力・学習力）
WEB以前からのデザインの基本			を行なうことにより，学習効率をあげることができる。			
	7	写真の表現・演出方法	写真により実物のイメージを伝えることができる。「百聞は一見にしかず」というが，学習対象物の実物写真は文字や声による説明よりも学習効率が高いときがある。イメージを強調したい場合は，写真を大きく扱うことが効果的。印刷における写真の取扱には以下のような言葉がある。 ・角版は安定感が強調されるので，安定したイメージを表現することができる。 ・裁ち落とし版は動きと方向性の強さ，ダイナミックな印象を強調する場合に有効で，広がりや空間を表現することができる。 ・切り抜き版は客観性を重視する場合に有効で，伝達したい内容を明確にすることができる。 （角版，裁ち落し版，切り抜き版は別途事例参照）			
	8	見開き単位でレイアウト	PDFで見開きできるようなコンテンツ提供時や，本の印刷の場合は，紙面を1ページごとではなく，見開き単位で考える。目線の流れの妨げにならない文字組みや写真の順番を考えることで，読み手に自然な流れで内容を伝えることができる。			
	9	ジャンプ率	ジャンプ率とは画面や紙面上の面積比率である。 ・一番大きな見出しと本文との大きさの比率：文字のジャンプ率 ・一番小さい写真と大きい写真との大きさの比率：写真のジャンプ率 ジャンプ率が大きいと活気がある画面となる。反対にジャンプ率が小さいと上品な印象を与える。			

媒体	デザインの基本事項		効果・事例	調べてみる（情報提示）	やってみる（技能術習得）	考えさせる（問題解決力・学習力）
			最優先に見てもらいたい見出しや図版, 画像などは, ジャンプ率を高くすることで, 認知度を上げ, 教育効果を高くできる。			
WEBで追加されるデザインの基本	1	1画面で訴求する構成要素は7つに絞る	人間の短期記憶をつかさどる海馬は平均で7つのことがらを一度に記憶できる。サイトレイアウトの構成要素を厳選し7つ以下とすることで, 学習効果の高い教材が開発できる。			
	2	ユーザの環境を意識したデザイン（フォントサイズ・ブラウザ・解像度）	学習者の環境はさまざまなので, フォントサイズは固定しない, 横幅を固定してレイアウトするなど, どんな環境でも一定の見え方をするデザインにすることで, ユーザビリティの高いサイトを提供することができる。技術分析を正確に実施し, 合致する仕様とすること。			
	3	的確に導くナビゲーション	学習者の欲しい情報に的確に導くナビゲーションを採用することで, 効率的に学習できる。			
	4	情報をグループ化する	情報をある決まりに即してグループ化することで, 学習者が迷わずに目的の情報にたどり着くことができる。			
	5	情報のビジュアライズ化	テキストによる表現だけではなく, ひと目で理解できるような情報のビジュアライズによる表現で, コンテンツに含まれる情報を的確に学習者に伝えることができる。			
	6	グリッドシステムによるレイアウト	画面のデザインでは, グリッドシステムを使って, レイアウトに根拠を持たせることで, 整理されたバランスのよいデザインに仕上げることができる。			

注　ID入門：『インストラクショナルデザイン入門』東京電機大学出版局

索引

【人名】
ウイリアム W・リー　ix
ダイアナ L・オーエンズ　ix

【A-Z】
CeLP　118, 123
CUDBAS　54
EPSS　89, 92
e 授業　7
e ラーニングファンダメンタルの授業　3
FD（Faculty Development）　5
ID　viii
IDer　ix
IT 教育実践ナビ　7
LCMS　52
LearningGate　136
LMS　51
LOM：Learning Object Metadata　7
PS 表　131
ROI　75
SCORM　58, 86
SCORM2004　58
TA　118
UNIKIDS　54

【ア】
アンケート　15, 129
一般ニーズ　14
インストラクショナルデザインツール　52
インストラクショナルデザイン定義　2
インストラクタ　17, 117
　──ガイド　119
インセンティブ　15
インタビュー　15
エコパルプ　108
エンドユーザ　17

【カ】
回帰分析表　131
学習活動　81
学習支援　52
学習時間短縮　133
学習順序　78
学習率　80
学習レベル向上　133
感覚ニーズ　14
環境分析　46
観察　15
技術分析　46
既存資料分析　46
教育計画書　82
教育コンサルティングツール　139
教育情報ナショナルセンター（NICER）　7
協調学習　120
講師　17
コース案内　121
コース実施報告書　130
コーチ　118
コスト分析　46

【サ】
作業時間短縮　132
シミュレーション　15
需給関係ニーズ　14
重要項目分析　46
初期分析　46
真のニーズ　14
ステークフォルダー　16
ストーリーボード　97

【タ】
大学（国立大学）の構造改革　19
対象者分析　46
タスク分析　46
千葉大学園芸学部講座　103
チャンク　102
チュータ　17, 118
トレーナ　118

【ナ】
内容の専門家　17
日本イーラーニングコンソシアム　1
日本技術者教育認定機構（JABEE：Japan Accreditation Board for Engineering Education）　6

【ハ】
比較ニーズ　14
ヒストグラム　131
評価の時期　127
評価の対象　126
評価の目的　125
閉講式　130
方法論　78
北越製紙株式会社　108

【マ】
マズローの欲求階層　20
メディア分析　46
メンター　17, 118
メンタリングガイド　119, 120
目標分析　46
モチベーション　79
問題別正解率表　131

【ラ】
ライブeラーニング　58

●監修者紹介
清水康敬（しみず　やすたか）
　　　東京工業大学で，助手，助教授，教授，教育工学開発センター長，大学院社会理工学研究科長として勤務した後，2001年3月に定年で退職，東京工業大学名誉教授。その後，国立教育政策研究所教育研究情報センター長として，教育情報ナショナルセンター（NICER）の立ち上げと運用に力を入れてきた。このNICERは，我が国における教育情報の中核的な総合的Webサイトである。インターネットで提供されている多くの教育情報にLOM（学習オブジェクト・メタデータ）を付与して，体系的に分類整理して学習者を教員に提供している。現在，約28万件の教育情報が提供されている［http://www.nicer.go.jp/参照］。
　　　また，2004年4月からは，上記センター長を兼務しながらの独立行政法人メディア教育開発センター（NIME）理事長として，大学等のニーズを踏まえた教育コンテンツの流通と利活用の促進に力を入れている。現在運用している能力開発学習ゲートウェイNIME-gladには，約14万件の教育用コンテンツが登録されている。また，NIMEが開発した多くの学習コンテンツを提供すると共に，ICT活用教育の推進のための支援を行なっている。さらに，高等教育におけるICT活用による質の向上に力を入れており，この面では，インストラクショナルデザインの手法を採り入れている［http://nime-glad.nime.ac.jp/参照］。

●著者紹介
内田　実（うちだ　みのる）
　　　30年以上にわたり企業内教育に携わり，その中でインストラクショナルデザインの活用やコンサルタント，コンテンツ開発，LMSの開発等に関係してきた。高等教育機関に対するコンテンツ開発支援やコンサルタントの経験も深い。
　　　現在は，独立行政法人メディア教育開発センター特定特任教授として，インストラクショナルデザインの普及や「大学卒業生に求められる能力に関する研究」他の推進を行う。
　　　リー他「インストラクショナルデザイン入門」東京電機大出版局の翻訳の統括実施，経済産業省のアジアeラーニングネットワークの推進委員等。

　　　内田ホームページ：http://ship.nime.ac.jp/~uchida/

情報デザインシリーズ
実践インストラクショナルデザイン
事例で学ぶ教育設計

2005年3月10日　第1版1刷発行	著　者　　内田　実
2007年5月20日　第1版2刷発行	監修者　　清水康敬
	学校法人　東京電機大学
	発行所　　東京電機大学出版局
	代表者　加藤康太郎
	〒 101-8457
	東京都千代田区神田錦町2-2
	振替口座　00160-5- 71715
	電話（03）5280-3433（営業）
	（03）5280-3422（編集）

印　　刷	新日本印刷㈱	ⓒUchida Minoru 2005
製　　本	渡辺製本㈱	
装　　幀	鎌田正志	Printed in Japan

＊本書の全部または一部を無断で複写複製（コピー）することは，著作権法上での例外を除き，禁じられています．小局は，著者から複写に係る権利の管理につき委託を受けていますので，本書からの複写を希望される場合は，必ず小局（03-5280-3422）宛ご連絡ください．
＊無断で転載することを禁じます．
＊落丁・乱丁本はお取替えいたします．

ISBN978-4-501-53890-3 C3004